Dr. Oetker

KÜCHENTIPPS
VON A–Z

Über 450 Tipps und Tricks
zum Kochen und Backen

Dr. Oetker

KÜCHENTIPPS VON A–Z

Über 450 Tipps und Tricks zum Kochen und Backen

Dr. Oetker Verlag

Allgemeine Hinweise

Die Tipps und Tricks sind alphabetisch von A bis Z sortiert und so schnell nachzuschlagen. Jeder Tipp, Trick oder Kniff ist zudem mit einem Symbol versehen, das Ihnen schnell verdeutlicht, um welche Art von Tipp es sich handelt.

Die Symbole

- Tipps mit allgemeinen wichtigen Informationen, zum Beispiel zur Warenkunde
- Tipps, Tricks und Kniffe zum Ablauf bei der Zubereitung von Gerichten, Kuchen und Desserts
- Tipps und Tricks, um Pannen zu vermeiden oder zu beheben
- Tipps zum Zeitsparen und zum gut geplanten Vorbereiten
- Einkaufstipps
- Frische-Tipps
- Tipps zum Dekorieren, Verzieren, Garnieren und Anrichten
- Siehe (auch) unter

Vorwort

Sie fragen sich, ob Sie die Reste Ihres Käsekuchens einfrieren können? Harmoniert Estragon mit Basilikum? Kann man die Schale der Cherimoya essen? Wissen Sie, wie man Bohnen abfädelt oder Orangen filetiert? Oder ist Ihre Sauce angebrannt und die Gäste sitzen bereits hungrig und erwartungsvoll am Tisch?

Oft sind es Kleinigkeiten, die das Kochen und Backen erleichtern oder sogar entscheidend zum Gelingen des Sonntagsbratens, des Hefeteiges oder der Sahnetorte beitragen.

Man muss nur ein paar Tipps und Tricks kennen ...

Dieses Buch serviert Ihnen die richtige Antwort. Die alphabetische Reihenfolge der Stichworte erleichtert das Suchen nach cleveren und zeitsparenden Handgriffen für die Zubereitung sowie nach pfiffigen Kniffen und Pannenhilfen, die eine mögliche Katastrophe doch noch abwenden.

Abkürzungen in Rezepten

EL	=	Esslöffel	l	=	Liter	**Kalorien-/Nährwertangaben**		
TL	=	Teelöffel	evtl.	=	eventuell	E	=	Eiweiß
Msp.	=	Messerspitze	geh.	=	gehäuft	F	=	Fett
Pck.	=	Packung/Päckchen	gestr.	=	gestrichen	Kh	=	Kohlenhydrate
g	=	Gramm	TK	=	Tiefkühlprodukt	kcal	=	Kilokalorien
kg	=	Kilogramm	°C	=	Grad Celsius	kJ	=	Kilojoule
ml	=	Milliliter	Ø	=	Durchmesser	BE	=	Broteinheiten

Abschmecken

... ist das A und O beim Kochen. Probieren Sie zunächst die Suppe, die Sauce oder das Gericht und würzen Sie anfangs nur ganz vorsichtig. Nun schmecken Sie ab, ob die Würze bereits ausreicht. Falls nicht, würzen Sie evtl. noch einmal nach und schmecken wieder ab.

Probieren Sie zwischendurch immer wieder vor und nach dem Würzen die Suppe, Sauce oder das Gericht, damit Sie gezielt Salz, Pfeffer, Schärfe (zum Beispiel Tabasco oder Salmbal Olek), Säure (zum Beispiel Zitronensaft oder Essig) oder etwas Zucker zugeben können.

Agar-Agar

Agar-Agar ist eine rein pflanzliche Alternative zur Gelatine und deshalb für Vegetarier das ideale Mittel zum Gelieren. Das Pulver wird aus Meeresalgen gewonnen und vor allem in der fernöstlichen Küche verwendet. Agar-Agar wird in kalter Flüssigkeit angerührt und anschließend unter Rühren zum Kochen gebracht, bis es sich aufgelöst hat. Der salzige Geschmack verliert sich beim Gelieren. Agar-Agar wirkt 6-mal stärker als Gelatine. Lagern Sie es kühl und trocken.

Algen

Algen sind ein wichtiger Bestandteil der asiatischen Küche. Sie sind hervorragende Lieferanten für Proteine, Vitamine und Mineralstoffe. Aufgrund ihres hohen Jodgehaltes sollten Algen nicht zu häufig auf dem Speiseplan stehen. Eine zu hohe Jodzufuhr begünstigt Schilddrüsenerkrankungen. Die bekanntesten Algen sind bei uns Noriblätter, die zum Umhüllen von Sushi verwendet werden.

Alufolie ⓘ

Alufolie „schmiegt“ sich eng an Lebensmittel an. Deshalb eignet sie sich hervorragend als Gefrierverpackung. Die Kälte kann schnell bis zum Kern vordringen und vor allem große Lebensmittel frieren schneller durch.

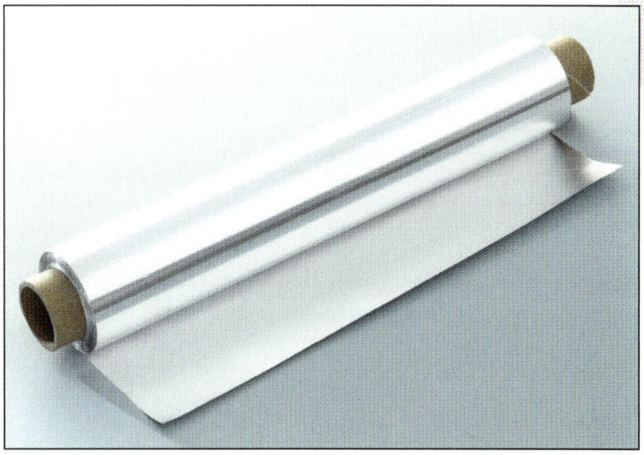

Aluminiumgrillschalen ⓘ

Zum Grillen (vor allem für empfindliches Grillgut wie Fisch oder Obst) eignen sich mehrfach verwendbare Aluschalen.

Ananas ⓘ

Ananas ist reif, wenn sie auf Fingerdruck nachgibt. Reife Früchte duften intensiv und die Blättchen lassen sich leicht aus der Blattkrone herausziehen. Einmal angeschnitten, hält sich die Frucht in Frischhaltefolie verpackt mehrere Tage im Kühlschrank. Bereiten Sie Speisen, die mit Gelatine oder Agar-Agar hergestellt werden, nie mit frischer Ananas zu. Das darin enthaltene Bromelin verhindert das Gelieren. Greifen Sie in diesem Fall auf Dosenfrüchte zurück.

Angebrannte Sauce ⚠

Den nicht verbrannten Teil der Sauce vorsichtig in einen sauberen Topf umfüllen. Geschälte Kartoffelscheiben von 1–2 rohen Kartoffeln (je nach Menge der Sauce und Größe der Kartoffeln) hinzufügen und alles aufkochen. Die Sauce anschließend etwa 15 Minuten auf der ausgeschalteten Kochstelle ziehen lassen. Dann die Kartoffeln herausnehmen und die Sauce mit Milch, Crème fraîche oder Sahne und Gewürzen abschmecken.

Äpfel

Geschälte Äpfel bleiben schön hell, wenn man sie mit Zitronensaft beträufelt.
Schrumplige Äpfel einige Zeit in warmes Wasser legen. Dadurch bekommen sie wieder eine frische, feste Form und lassen sich besser weiterverarbeiten.

Äpfel lagern

Wenn Sie Äpfel lagern möchten, achten Sie darauf, dass Sie nur unbeschädigte Früchte einlagern. Sie müssen kühl, dunkel und luftig gelagert werden. Die Äpfel dürfen sich nicht berühren und sollten regelmäßig angeschaut werden, um evtl. auftretenden Schimmelbefall sofort zu entfernen. Nicht alle Sorten eignen sich zum Einlagern.
Lagern sie kein anderes Obst oder Gemüse bei den Äpfeln, da diese ein Reifegas verströmen, das den Nachreifeprozess beschleunigt.

Apfelmus verfeinern

Apfelmus aus dem Glas schmeckt noch mal so gut, wenn Sie es erhitzen und darin ein Stück Butter zerlassen. Apfelmus ist besonders lecker, wenn Sie es mit den Sorten Boskop, Cox Orange oder Jonagold zubereiten.

Apfelsorten zum Backen

Folgende Sorten eignen sich zum Backen besonders gut: Boskop, lässt sich gut lagern und liefert viel Vitamin C. Braeburn ist sehr saftig, enthält viel Vitamin C und ist ein guter Tafelapfel. Cox Orange und Elstar sind lagerfähig und gute Tafeläpfel. Auch Jonagold, eine Kreuzung aus Golden Delicious und Jonathan, können Sie gut lagern. Einige Sorten werden nicht ständig angeboten. Berlepsch, Goldparmäne, Gravensteiner und Ingrid Marie bekommen Sie nur im Herbst.

Apfelsorten zum Kochen

Folgende Sorten eignen sich zum Kochen besonders gut: Alkmene, reagiert allerdings empfindlich auf Druck und ist schlecht lagerfähig. Gloster und Idared hingegen sind gute Lageräpfel. James Grieve lässt sich nur bedingt lagern und wird leicht mehlig; verwenden Sie ihn daher immer frisch. Klarapfel eignet sich hervorragend für Apfelmus, ist jedoch nicht lagerfähig und nur im August und im September erhältlich. Auch Boskop, Berlepsch, Braeburn, Cox Orange, Gloster, Goldparmäne, Gravensteiner und Jonagold können Sie zum Kochen nehmen.
Apfelmus lässt sich sehr gut einfrieren.

Aprikotieren von Kuchen und Torten

Das Aprikotieren verleiht Kuchen und Torten ein besonders feines Aroma. Güsse und Glasuren lassen sich danach glatt und ohne Krümel verstreichen. Zum Aprikotieren Aprikosenkonfitüre (funktioniert auch mit anderen Fruchtkonfitüren) zunächst mit einem Pürierstab ganz fein zerkleinern oder durch ein Sieb streichen. Anschließend mit wenig Zitronen- oder Orangensaft in einem hitzebeständigen Gefäß glatt rühren. Entweder in der Mikrowelle bei etwa 360 Watt in etwa 2 Minuten oder auf dem Herd aufkochen. Die heiße, streichfähige Konfitüre gleichmäßig auf Kuchen oder Torte verstreichen und trocknen lassen. Bei Obstkuchen verhindert das Aprikotieren das Austrocknen des Belags und gibt zusätzlichen Glanz auf dem Obst.

Artischocke

Achten Sie beim Einkauf darauf, dass die festen Blätter der Artischocke dicht aufeinanderliegen und nicht trocken sind. Außen trockene, braune oder schwarze Früchte schmecken bitter.
Zum Frischhalten schneiden Sie den Stiel frisch an und stellen ihn in ein Glas mit Wasser.
Zum Verarbeiten den Stiel herausbrechen, dann die Fasern aus dem Boden lösen. Die Artischocke in reichlich Salzwasser mit etwas Zitronensaft 30–45 Minuten kochen. Boden (das Herz) und fleischige Blätterenden lassen sich anschließend gut herauslösen. Kleine Artischocken können komplett gegessen werden.

Aubergine

Die Aubergine ist reif, wenn sie auf Fingerdruck leicht nachgibt. Die Haut sollte straff sein und dunkelviolett glänzen. Auberginen dürfen nicht roh verzehrt werden, da noch nicht ganz reife Früchte das giftige Solanin enthalten. Erst gekocht, gebraten oder gedünstet sind sie genießbar.
Die Früchte können kurze Zeit bei kühler Raumtemperatur gelagert werden. Auberginen immer getrennt von anderen Obst- und Gemüsesorten lagern, andernfalls beschleunigt sich der Reifeprozess. Helle Schnittstellen mit Zitronensaft oder Olivenöl bestreichen. Die Schale kann mitverzehrt werden.
Auberginen sollten zunächst in Scheiben geschnitten und gesalzen werden, sodass sie Saft ziehen können.

Auflauf

Aufläufe lassen sich gut vorbereiten: Lassen Sie die Zutaten in der Auflaufform abkühlen und bewahren Sie sie dann im Kühlschrank auf. Die Eiermilch erst kurz vor dem Backen über den Auflauf gießen.
Füllen Sie Auflaufformen am besten bis maximal drei Viertel der Höhe. So kann nichts überlaufen.
Wenn für größere Gesellschaften 1 oder 2 Auflaufformen nicht ausreichen, kann auch die Fettpfanne des Backofens als Form dienen. Sie nimmt die doppelte Menge der Rezeptzutaten oder mehr auf. Zum Servieren schneiden Sie dann den Auflauf einfach in rechteckige Stücke und richten ihn auf einer heißen Platte an.

Auflauf, zu fettig

Wenn auf dem Auflauf Fett schwimmt, die Oberfläche vorsichtig mit Küchenpapier abtupfen, damit das überschüssige Fett aufgesaugt wird.

Auftauen – aber richtig

1. Tauen Sie Gefriergut am besten in einem Sieb auf. Es sollte nicht im Auftauwasser liegen.
2. Würzen Sie Lebensmittel erst nach dem Auftauen, da Salz und Zucker den Speisen ihren Eigensaft entziehen und Gewürze ihre Geschmacksintensität verlieren.
3. Tauen Sie Gefrorenes zugedeckt im Kühlschrank auf.
4. Verarbeiten Sie Aufgetautes innerhalb von 24 Stunden weiter.
5. Frieren Sie einmal an- oder aufgetaute Lebensmittel nicht wieder ein.
6. Wenn Sie rohe Lebensmittel erst nach dem Auftauen garen, können Sie die fertigen Mahlzeiten wieder einfrieren.
7. Gemüse können Sie im gefrorenen Zustand weiterverarbeiten.
8. Leicht angetautes Fleisch lässt sich sehr gut klein schneiden.
9. Im Gefrierbeutel eingefrorene Speisen können Sie sehr gut im Wasserbad auftauen und erwärmen.
10. Eingefrorenes Brot und Brötchen lassen Sie bei Zimmertemperatur in der Verpackung auftauen und backen Sie etwa 10 Minuten auf.

Aufwärmen – aber richtig

Gelegentlich bleiben Reste übrig, die zum Wegwerfen zu schade sind. Richtig aufbewahrt und vorsichtig erwärmt, schmecken sie auch am nächsten Tag noch gut. Sie sollten darauf achten, Reste zügig abzukühlen, zum Beispiel im kalten Wasserbad. Anschließend in den Kühlschrank stellen.
Zum Aufwärmen eignet sich die Mikrowelle. Die Leistung nach den Angaben des Herstellers wählen. Nach dem Erhitzen die Speisen noch etwas stehen lassen, sodass ein Temperaturausgleich erfolgen kann. Achten Sie darauf, dass die Speisen durcherhitzt sind, damit sie hygienisch einwandfrei sind. Eine schonende Methode zum Erwärmen ist das Wasserbad. Hierfür die Speisen in einen kleinen Topf geben und diesen in einen etwas größeren Topf mit heißem Wasser stellen. Deckel auflegen und nach wenigen Minuten ist das Essen heiß. Erwärmt man direkt im Topf auf dem Herd, empfiehlt es sich, etwas Wasser zuzugeben, um ein Anbrennen zu verhindern.
Übriggebliebene Nudeln oder auch Reis können sehr gut in einem Sieb über Wasserdampf erwärmt werden.

Austern öffnen

Legen Sie die Auster zunächst in einem Geschirrtuch oder in einer Stoffserviette mit der gewölbten Seite nach unten auf die Arbeitsfläche. Setzen Sie das Austernmesser an der spitzen Seite der Auster am Scharnier an, drehen Sie das Messer vorsichtig und knacken Sie so behutsam die Schalen. Trennen Sie mithilfe des Messers die Schalen voneinander.

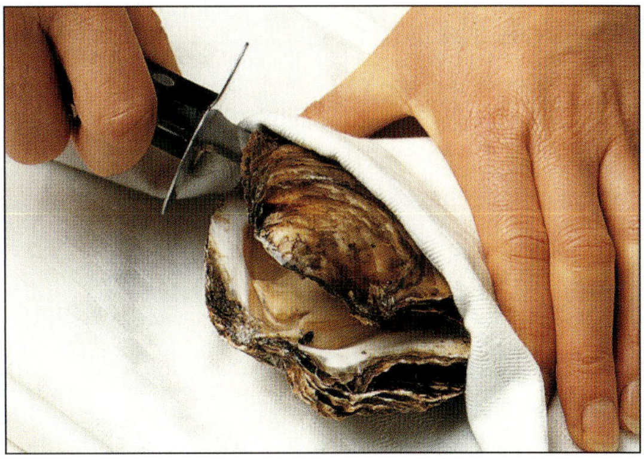

Austernpilze

Austernpilze sind sehr druckempfindlich und sollten nur trocken ganz vorsichtig mit Küchenpapier gesäubert werden.

Die Kappen lassen sich paniert wie Schnitzel braten. Die Pilze werden besonders knusprig, wenn sie mit etwas Speiseöl beträufelt etwa 5 Minuten im Backofen gegrillt werden. Dafür die Austernpilze nicht zu dicht auf ein mit Backpapier belegtes Backblech legen und anschließend grillen.

Avocado

Die Avocado ist reif, wenn sie auf Fingerdruck leicht nachgibt. Ist die Avocado noch zu fest, lagern Sie sie 1–2 Tage zusammen mit Bananen, dann reift sie schneller.
Die Schale der Avocado ist nicht essbar. Das cremige, gelblich-grüne Fruchtfleisch schmeckt leicht nussig. Sie können die Frucht gut einige Tage im Kühlschrank lagern.

Avocadofleisch herauslösen

Zum Verarbeiten die Avocado rundherum bis zum Kern längs einschneiden. Dann beide Hälften gegeneinander drehen und den Kern herauslösen.
Das Fleisch lässt sich mit einem Esslöffel leicht aus der halbierten und entsteinten Avocado herausheben. Avocadofleisch verfärbt sich nicht so schnell, wenn Sie es mit Zitronensaft beträufeln.

Backaroma dosieren

Backaromen aus dem Röhrchen können Sie mithilfe einer Gabel perfekt dosieren: Lassen Sie einfach die gewünschte Menge Tropfen an einem Gabelzinken in die Teigmasse laufen.

Backen in Backformen

Backformen und Auflaufformen niemals auf dem Backblech, sondern nur auf dem Rost in den Backofen schieben. Kuchen oder Aufläufe bekommen sonst zu starke Unterhitze und verbrennen.

Backformen

Backformen werden aus verschiedenen Materialen angeboten. Für das Gelingen der Gebäcke ist das Material der verwendeten Backform mitentscheidend: ***Weißblechformen*** eignen sich eher für Gasbacköfen, sind aber nicht säurebeständig. Den Springformrand deshalb innen immer mit Backpapier belegen, wenn er als Tortenring für Obsttorten verwendet werden soll. Weißblechformen sollten vor allem in den Schnittkanten und Falzrändern immer sorgfältig abgetrocknet werden – sie können sonst rosten.

Schwarzblechformen eignen sich besonders für Elektro- und Heißluftbacköfen. Sie besitzen eine gute Antihaftwirkung und Wärmeleitfähigkeit, sind fruchtsäurebeständig und leicht zu reinigen. Einige Schwarzblechformen haben eine zusätzliche Antihaftbeschichtung, durch die sich Gebäcke noch leichter aus der Form lösen lassen.

Emaillebackformen haben meistens eine Quarz-Emaille-Beschichtung. Sie sind schnitt- und kratzfest, absolut fruchtsäurebeständig, langlebig und zeigen eine sehr gute Antihaftwirkung. Gebäck bräunt darin gleichmäßig und intensiv.

Backformen aus **Aluminium, Keramik, Glas und Silikon** sind für alle Backofenarten geeignet.

Backformen nicht in die Spülmaschine stellen, sondern in heißem Spülwasser mit einem weichen Tuch säubern. Zum Trocknen der Backformen können Sie nach dem Spülen die Nachwärme des Backofens nutzen.

Backformen fetten

Fetten Sie die Backform mit streichfähiger Margarine oder Butter gut und gleichmäßig mit einem Pinsel oder einem Stück Küchenpapier. Bei Springformen bestreichen Sie nur den Boden, damit der Teig beim Backen am Rand nicht herunterrutscht.
Bei Verwendung von Backpapier kann auf das Fetten verzichtet werden.

Damit sich der Kuchen nach dem Backen besser löst, können Sie Kasten- und Gugelhupfformen nach dem Fetten zusätzlich mit Mehl, Semmelbröseln, gemahlenen Nusskernen oder Mandeln ausstreuen. Diese durch Klopfen und Drehen gleichmäßig in der Form verteilen.

Backformen füllen

Füllen Sie die Backform immer nur zu etwa zwei Dritteln mit Teig, sonst könnte der Teig beim Backen überlaufen.

Backobst

Backobst klebt beim Zerkleinern nicht am Messer oder an der Küchenmaschine, wenn Sie etwas Weizenmehl darüberstäuben.

Backpapier klebt am Biskuitboden fest

Streichen Sie mithilfe eines Pinsels, eines Schwamms oder mit Küchenpapier etwas Wasser über das Backpapier. Warten Sie kurz. Danach lässt es sich problemlos vom Biskuitboden lösen.

Backpapier rollt sich zusammen

Backpapier, das nicht auf dem Backblech liegen bleibt, an einigen Stellen mit etwas Butter oder Margarine ankleben.

Backpulver

Backpulver immer trocken lagern, damit seine Triebkraft erhalten bleibt. Backpulver verfärbt sich rosa, wenn es zusammen mit Gewürzen aufbewahrt wird. Auch wenn dadurch die Triebkraft nicht beeinträchtigt wird, sollte es separat, am besten in einer fest schließenden Dose, gelagert werden.

Mit etwas Backpulver im Kochwasser behalten Brokkoli, Zucchini, Bohnen, Erbsen und Rosenkohl ihre schöne, grüne Farbe.

Backpulver dosieren

Ein Päckchen Dr. Oetker Backin enthält genau die richtige Menge Backpulver für 500 g Mehl. Der Inhalt entspricht in etwa 5 gestrichenen Teelöffeln, wobei Differenzen durch die unterschiedliche Größe der Löffel entstehen können. 1 gestrichener Teelöffel Backpulver entspricht etwa 3 g. Da für viele Rezepte nicht mehr 1 ganzes Päckchen Dr. Oetker Backin benötigt wird, empfiehlt es sich, Backin in der praktischen Dosierdose zu verwenden.

Backrahmen als Kuchenform ⓘ

Backrahmen lassen sich als Kuchenform für eckige Kuchen nutzen. Um das Auslaufen von weichen Teigen beim Backen zu verhindern, stellt man den flexiblen Backrahmen auf einen Bogen Backpapier. Die Papierecken mit einem Teigklecks an den Rahmen hochlegen und ankleben.
Damit sich der Backrahmen durch schwere Teige nicht verstellt, sollte er mit einem hitzebeständigen Bindfaden fest zugebunden werden.

Backtriebmittel ⓘ

Zum Backen können Sie neben Backpulver, Hefe oder Sauerteig auch andere sogenannte Backtriebmittel verwenden: Hirschhornsalz eignet sich vor allem für die Zubereitung von Knetteig- oder Lebkuchengebäck. Pottasche wird in der Lebkuchen- und Honigkuchenbäckerei verwendet und Natron ist zum Beispiel Bestandteil vieler Muffin-Rezepte.

Backutensilien ⓘ

- ***Backpinsel:*** hilft beim Einfetten der Form, beim Bestreichen von Gebäck und zum Auftragen von Glasuren
- ***Teigschaber:*** zum Unterheben lockerer Massen, zum Umfüllen und Verstreichen von Teigen; minimiert Teigreste in der Rührschüssel
- ***Teigkarte:*** kann Teig teilen, Teigreste von der Arbeitsfläche schaben und auch Teige und Cremes glatt streichen
- ***Tortenheber:*** zum Servieren von Tortenstücken und zum Verstreichen von Sahne und Cremes
- ***Tortengarnierscheibe:*** auch Kuchen- oder Tortenretter genannt; erleichtert das Umsetzen von Torten und das Abheben geschnittener Tortenböden
- ***kleines Sieb:*** verteilt Puderzucker oder Kakao gleichmäßig auf Kuchen oder Torte
- ***Waagen:*** sind unverzichtbar beim Backen, egal mit welcher Anzeige. Besonders zu empfehlen sind sie, wenn sie über eine Zuwiegefunktion verfügen.
- ***Kurzzeitwecker:*** helfen beim Einhalten von Rühr- und Backzeiten. Sie bemessen meist Zeiträume bis zu 2 Stunden und sollten zum Backen auch Sekunden anzeigen.

Backzeiten und -temperaturen ⓘ

Die richtige Temperatur spielt beim Backen fast die wichtigste Rolle! In der folgenden Übersicht finden Sie Orientierungswerte, die jedoch von Gerät zu Gerät nach oben oder unten abweichen können. Beachten Sie daher immer auch die Gebrauchsanleitung Ihres Herstellers und die individuelle Leistung Ihres Ofens.

Gebäckart	Ober-/Unterhitze in °C	Heißluft in °C	Gas (Stufe)	Backzeit in Minuten
Hohes Gebäck*				
Käsekuchen	etwa 160	etwa 140	1–2	60–80
Kastenkuchen	etwa 180	etwa 160	2–3	50–70
Napfkuchen	180–200	160–180	2–3	45–60
Mittleres Gebäck*				
Biskuit	etwa 180	etwa 160	2–3	25–40
Knetteigkuchen	etwa 200	etwa 180	2–3	30–50
Rührteigkuchen	etwa 180	etwa 160	2–3	25–40
Strudel	180–200	160–180	3–4	30–50
Flaches Gebäck*				
Biskuit	etwa 200	etwa 180	3–4	10–30
Blätterteig	etwa 200	etwa 180	3–4	10–20
Blechkuchen	180–200	160–180	3–4	15–45
Brandteig	etwa 200	etwa 180	3–4	20–30
Kleingebäck	180–200	160–180	2–3	10–20
Knetteigboden	etwa 180	etwa 160	2–3	15–20
Rührteigboden	etwa 180	etwa 160	2–3	15–20

* Hohes und mittleres Gebäck wird meist auf dem Rost im unteren Drittel des Backofens eingeschoben. Flaches Gebäck in der Mitte.

Baiser ⓘ

Baiser wird fester und lässt sich besser verarbeiten, wenn man das Eiweiß mit einigen Spritzern Zitronensaft und etwas Speisestärke steif schlägt. Kuchen mit Baiserhauben lassen sich mit einem heißen, gefetteten Messer glatt schneiden oder durch Spritztüllen in Form bringen.

Banane ⓘ

Obstbananen nicht im Kühlschrank lagern. Sie verlieren ihr Aroma und werden braun.
Geschälte Bananen werden nicht so schnell braun, wenn man sie vor dem Weiterverarbeiten mit etwas Zitronensaft beträufelt.

Bardieren

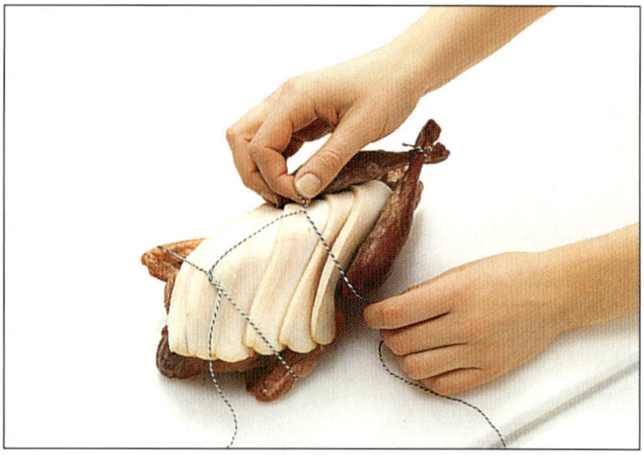

Um zu verhindern, dass mageres Geflügel- oder Wildfleisch beim Braten austrocknet, wird es „bardiert". Legen Sie dafür gleichmäßig breite Speckscheiben dicht aneinander um das Fleisch – das nennt man „bardieren" – und binden Sie diese mit Küchengarn fest. Beim Bardieren wird das Fleisch nicht verletzt und der Fleischsaft im Fleischstück fließt nicht heraus. Der Speck wird nach dem Braten entfernt und das Fleisch ist schön saftig.
Zum Bardieren verwenden Sie am besten fetten ungeräucherten Speck (grünen Speck). Geräucherter Speck könnte den zarten Geschmack von Wild und Wildgeflügel beeinträchtigen.

Basilikum

➲ Kräuterkunde – was passt wozu?

Béchamelsauce ⚠

Geben Sie bei der Zubereitung von Béchamelsauce kalte Milch und Brühe immer nur nach und nach hinzu. So können sie das Mehl immer wieder glatt rühren und es bilden sich keine Klümpchen.

Beeren einfrieren

➲ Einfrieren – aber richtig

Um Beeren einzufrieren, legen Sie sie am besten erst auf einen Teller oder ein Tablett und stellen dies ins Gefrierfach. Sobald die Beeren gefroren sind, geben Sie sie in einen Gefrierbeutel. So kleben die Früchte nicht zusammen und behalten besser ihre Form. Für Saucen sollten Sie Beeren püriert einfrieren, das spart Platz im Gefrierschrank.

Bemehlen der Arbeitsfläche

Bemehlen Sie beim Ausrollen des Teiges die Arbeitsfläche und den Teigroller immer nur leicht. Wird zu viel Mehl in den Teig eingearbeitet, wird er bröckelig und das Gebäck trocken.

Binden von Saucen

Angerührtes Weizenmehl oder Speisestärke: Verrühren Sie etwas Weizenmehl oder Speisestärke klümpchenfrei mit Wasser oder einer anderen kalten Flüssigkeit. Gießen Sie das Gemisch nach und nach unter Rühren in die zu bindende Sauce. Lassen Sie die Sauce gut aufkochen und – wenn Sie Mehl verwenden – mindestens 5 Minuten durchkochen, damit der Mehlgeschmack verkocht.

Gemüse: Eine kalorienarme und leichte Bindung erhalten Sie, wenn Sie mitgegartes Gemüse und Zwiebeln pürieren oder durch ein Sieb streichen.

Kalte Butter: Für einen feinen Buttergeschmack rühren Sie kalte Butterstückchen mit einem Schneebesen in die heiße, aber nicht kochende Sauce.

Mehlkloß: Verkneten Sie 1 gehäuften Teelöffel Butter mit 1 gehäuften Teelöffel Weizenmehl, formen Sie das Gemisch zu einer Kugel und geben Sie diese in die kochende Sauce. Lösen Sie die Kugel unter Rühren auf und lassen Sie die Sauce aufkochen.

Eigelb und Schlagsahne: Für helle Saucen verrühren Sie Eigelb mit etwas Schlagsahne. Rühren Sie die Mischung langsam in die Sauce. Rühren Sie so lange weiter, bis die Sauce schön sämig ist. **Wichtig:** Die Sauce darf nicht aufkochen, da das Eigelb ansonsten gerinnt (ausflockt)!

Schlagsahne/Crème fraîche/saure Sahne: Werden die Sahneprodukte mit wenig Mehl angerührt, flocken Sie nicht so leicht aus.

Biskuitboden

Wenn Sie Biskuitteig in der Springform backen, fetten Sie nur den Boden und nicht den Rand der Form. Der Biskuitteig rutscht sonst während des Backens am Rand ab und der Tortenboden wird in der Mitte höher. Zusätzlich können Sie den Boden noch mit Backpapier belegen – so lässt er sich nach dem Backen noch besser lösen.

Nach dem Backen lösen Sie den Biskuitboden mit einem Messer vorsichtig vom Springformrand und entfernen den Rand.

Biskuitboden stürzen

Stürzen Sie den Boden auf einen mit Backpapier belegten Kuchenrost, entfernen Sie den Springformboden und lassen Sie das Gebäck mit dem mitgebackenen Backpapier erkalten.

Biskuitboden, zerbrochen

Ist der Biskuitboden gebrochen, können Sie ihn großzügig mit erhitzter Konfitüre bestreichen und wieder zusammensetzen.
Hilft das nicht, können Sie die gebrochene Rolle für eine Schichtspeise oder ein Tiramisu verwenden.

Biskuitrolle

Achten Sie darauf, dass Sie den Biskuit nicht zu stark ausbacken. Bleibt er zu lange im Ofen, wird er trocken und bricht beim Aufrollen. Nach dem Backen sollten Sie die Biskuitplatte sofort auf ein mit Zucker bestreutes Stück Backpapier stürzen und das mitgebackene Backpapier vorsichtig abziehen.

Nun die Biskuitplatte gleichmäßig mit der Füllung bestreichen. Dazu eignet sich ein Teigschaber oder auch ein Tortenheber.

Die gefüllte Rolle kann mithilfe des Backpapiers aufgerollt werden. Achten Sie darauf, am Rand je etwa 2 cm frei zu lassen, damit die Füllung nicht herausquillt.

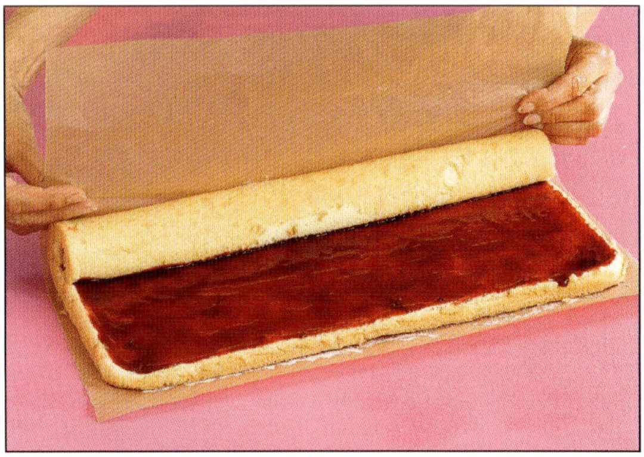

Biskuitteig auf dem Blech

Damit der gegossene Biskuitteig auf dem Blech zu einer gleichmäßigen Fläche wird, sollte die Oberfläche mit einer Teigkarte glatt gestrichen werden.

Biskuitteig backen ⓘ

Biskuitteige müssen sofort nach ihrer Zubereitung gebacken werden, damit sie nicht wieder zusammenfallen.
Am besten gelingt Biskuitteig, wenn er mit Ober-/Unterhitze gebacken wird. Bei Heißluft trocknet der Biskuit stärker aus, sodass Biskuitrollen brechen können (Foto).

Biskuitteig rühren

Halten Sie bei der Teigzubereitung unbedingt die angegebene Rührzeit ein. Zu lange gerührter Teig geht zwar im Backofen zunächst schön auf, fällt jedoch nach kurzer Zeit in sich zusammen. Zu kurz gerührter Teig hingegen bekommt nicht das gewünschte Volumen.
Rühren Sie zunächst die Eier und das Wasser mit dem Handrührgerät mit Rührbesen auf höchster Stufe in etwa 1 Minute schaumig.

Dann streuen Sie Zucker und Vanillin-Zucker in etwa 1 Minute ein und schlagen weitere etwa 2 Minuten. Eine gute Schaumbildung entsteht durch feinkörnigen Zucker – er löst sich schneller auf.

Zum Schluss rühren Sie nur noch kurz Mehl, Backpulver, Stärke und evtl. Kakao unter.
Das Gebäck wird feinporiger, wenn Sie die Hälfte des Mehls durch Speisestärke ersetzen.
Sie können auch anstelle einer Hälfte des Mehls fein gemahlene Haselnüsse oder Mandeln untermischen.

Blanchieren ⓘ

... bedeutet kurzes Garen in kochendem Wasser. Kartoffeln oder Gemüse wie Blumenkohl, Erbsen, Zuckerschoten, Möhren, Prinzessbohnen, Spargelspitzen, Brokkoli oder Blattspinat werden portionsweise in reichlich kochendes Salzwasser gelegt, 30 Sekunden bis 2 Minuten darin gegart, mit einem Schaumlöffel oder Siebeinsatz wieder herausgehoben und in eiskaltem Wasser abgeschreckt.
Die rasche Abkühlung erhält sowohl die Farb-, Geschmacks- und Aromastoffe als auch die feste Struktur. Die Kurzgarmethode tötet Bakterien ab, inaktiviert Enzyme und dient zudem als Vorbereitung zum Einfrieren.

➲ Einfrieren – aber richtig

Blattspinat ⓘ

Frischer Spinat sollte knackig frisch und kräftig grün sein. Er lässt sich 1–2 Tage im Kühlschrank aufbewahren, wenn Sie ihn in ein feuchtes Geschirrhandtuch oder eine angefeuchtete Papiertüte einschlagen.

Zum Zubereiten muss Spinat sorgfältig verlesen, von Wurzeln und harten Stängeln befreit und gründlich gewaschen werden. Anschließend den Blattspinat abtropfen lassen.

Blaubeeren ➲ Heidelbeeren

Blechkuchenböden teilen

Blechkuchenböden, die gefüllt werden sollen (zum Beispiel für Bienenstich), lassen sich ganz unkompliziert teilen, indem Sie den Kuchen zunächst senkrecht in 4 Teile schneiden und anschließend jedes Viertel einmal waagerecht durchschneiden.

Blechkuchen richtig abkühlen lassen

Die Backbleche immer auf einem Kuchenrost abkühlen lassen, damit auch von unten Luft an das Blech kommt und sich nicht zu viel Feuchtigkeit bildet. Der Kuchen würde sonst durchweichen.

Blechkuchen mit Obst sollten Sie am besten etwas abkühlen lassen. Anschließend vierteln Sie den Kuchen, nehmen ihn vom Blech und lassen ihn direkt auf dem Kuchenrost vollständig erkalten.

Blindbacken

Die Teige für Obsttorten oder -törtchen sollten blindgebacken werden: Dafür den Teig in die vorbereiteten Formen geben, mit einer Gabel mehrfach einstechen, mit Backpapier belegen, mit Hülsenfrüchten (Erbsen oder Bohnen) füllen und vorbacken. Auf diese Weise bleibt der Boden flach und der Rand kann nicht herunterrutschen. Die Hülsenfrüchte können Sie anschließend nicht mehr zum Kochen verwenden! Zum Blindbacken lassen sich die Früchte aber immer wieder einsetzen.

Blumenkohl

Blumenkohl ist schnell zubereitet: Zunächst Blätter und Strunk vom Blumenkohl abschneiden und die dunklen Stellen entfernen. Anschließend den Kohl in Röschen teilen, waschen und abtropfen lassen. Die Röschen brauchen in Salzwasser 10–15 Minuten, bis sie gar sind.
Oder Sie kochen Blumenkohl als ganzen Kopf. Kürzen Sie dafür den Strunk bis zum Ansatz der ersten Röschen. Schneiden Sie den Strunk kreuzweise ein (so hat der Strunk dieselbe Garzeit wie die Röschen) und geben Sie den Kohl mit dem Strunk nach unten in das Kochwasser (so gart er gleichmäßiger). Die Garzeit für den ganzen Kopf beträgt 20–25 Minuten. Während der Garzeit sollten Sie den Topfdeckel nicht öffnen.

Blumenkohl bleibt schön weiß

Beim Kochen behält Blumenkohl seine helle Farbe, wenn Sie einen Schuss Milch oder 1 Bio-Zitronenscheibe mit in das Kochwasser geben.

Bohnen, grüne

Frische Bohnen sind knackig und schön grün. Im Kühlschrank bleiben sie etwa 3 Tage frisch. Blanchiert (➲ Blanchieren) können sie bis zu 12 Monate tiefgekühlt werden.
Bohnen niemals roh verzehren. Der Eiweißstoff Phasin führt zu Magen-Darm-Beschwerden. Beim Kochen wird er unschädlich gemacht. Bevor Sie Bohnen in reichlich Salzwasser kochen, von den Bohnen die Enden abschneiden und die Fäden abziehen, falls nötig. Bohnen behalten ihre grüne Farbe besser, wenn man dem Wasser, in dem Sie gekocht werden, 1 Messerspitze Haus-Natron oder Backpulver zufügt.

Bohnenkraut

➲ Kräuterkunde – was passt wozu?

Borretsch

➲ Kräuterkunde – was passt wozu?

Brandteig

➲ Windbeutel

Wenn Sie Brandteigböden backen, achten Sie darauf, den Teig am Rand nicht zu dünn zu verteilen. Der Boden wird sonst zu dunkel.
Bei Brandteiggebäck erst gegen Ende der Backzeit den Backofen vorsichtig öffnen und nach dem Gebäck sehen, da es sonst leicht zusammenfällt.

Bratäpfel

Reifegrad und Apfelsorte bestimmen die Garzeit der Bratäpfel. Sie sind gar, sobald die Schale der Äpfel aufbricht. Besonders fruchtig schmecken Bratäpfel, wenn Sie ungefähr 1–2 Esslöffel Apfelsaft mit in die Auflaufform geben.

Braten, Bratzeit

Die Bratzeit im Backofen beträgt pro Zentimeter Höhe des Fleisches etwa 10 Minuten bei Ober-/Unterhitze: etwa 180 °C. Ist das Fleisch also 5 Zentimeter hoch, ist der Braten nach etwa 50 Minuten gar.

Braten mit schöner Kruste

Wenn man Schweinebraten und Kasseler kurz vor Ende der Garzeit mit flüssigem Honig bestreicht, bekommt das Fleisch eine schöne Kruste und die Schwarte wird noch knuspriger.

Braten, Ruhezeit

Lassen Sie den Braten nach der Garzeit etwa 10 Minuten zugedeckt ruhen. Legen Sie ihn dafür auf einen flachen Teller und decken Sie ihn mit einem Suppenteller oder einer Schüssel ab. In der Zwischenzeit können Sie den Bratensatz mit einem Pinsel und Brühe vom Boden lösen.

Bratkartoffeln

Für richtig braune und krosse Bratkartoffeln muss das Fett in der Pfanne heiß und die Kartoffeln müssen kalt sein. Deshalb die Pellkartoffeln am besten am Vortag kochen.
Zum Wenden der Kartoffelscheiben die Pfanne einfach schwenken, denn durch das häufige Wenden mit einem Pfannenwender zerfallen die Kartoffelscheiben leicht.
Durch die Zugabe von etwas Paprikapulver erhalten Bratkartoffeln eine appetitlich goldene Farbe und durch 1–2 Teelöffel getrocknete Kräuter (Majoran, Thymian und Rosmarin) die besondere Würze.

Bratwurst, geplatzt

Bratwürste platzen nicht so schnell, wenn Sie sie vor dem Braten mit kochendem Wasser überbrühen. Anschließend tupfen Sie die Würste trocken, da sonst das Fett in der Pfanne spritzt.

Bratwurst vom Grill

Die Bratwurst vor dem Grillen mit kochendem Wasser überbrühen und abtrocknen. Die Haut mehrmals mit einem Holzspieß einstechen. Anschließend die Bratwurst auf einem Stück Alufolie auf den Grillrost legen und 15–20 Minuten grillen. Eine schöne Farbe erhält die Wurst, wenn Sie sie nach der Hälfte der Grillzeit mit Dunkelbier bestreichen.

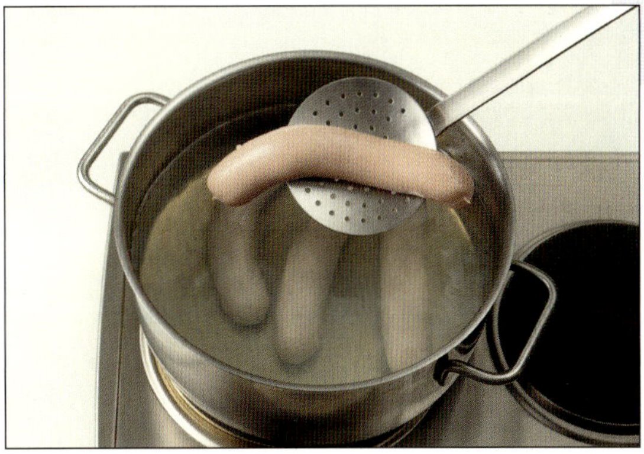

Bröselteig

Bröselteige für schnelle Kuchen- und Tortenböden sind unkompliziert gemacht: Die im Rezept angegebenen Kekse einfach portionsweise in einen Gefrierbeutel füllen. Den Beutel fest verschließen und die Kekse mit einer Teigrolle fein zerbröseln. Wer keine Teigrolle hat, nimmt eine leere Glasflasche. Noch schneller geht es nur im Blitzhacker.

Die Brösel werden zumeist mit zerlassener Butter oder Margarine zu einer Bröselmasse vermischt. Die Masse wird zum Beispiel in einer Springform mit einem Esslöffel so in die Form gedrückt, dass ein gleichmäßiger Boden entsteht. Den Boden am besten einige Zeit in den Kühlschrank stellen, damit er fester wird.

Brot aufbewahren

Bewahren Sie Brot im Brotkasten aus Ton, Keramik, Metall oder Holz auf. Der Kasten muss sich gut schließen lassen, sonst trocknet das Brot schneller aus. Brot bleibt länger frisch, wenn Sie ein Stück Apfel oder Knollensellerie mit in den Brotkasten legen. Beides muss täglich ausgetauscht werden, damit sich kein Schimmel bildet. Reinigen Sie den Kasten regelmäßig mit Essigwasser und lassen Sie ihn dann gut trocknen.

Brot backen

Feste Brotteige müssen während der Teigzubereitung nochmals mit den Händen geknetet werden, damit die Krume beim Backen nicht zu fest wird. Eine besonders krosse Kruste entsteht, wenn das Brot kurz vor Ende der Backzeit mit Wasser bestrichen wird.

Brot, Garprobe

Klopfen Sie das Brot an der Ober- und Unterseite ab. Klingt es hohl, ist das Brot fertig gebacken.

Brot schneiden

Frisches Brot lässt sich leichter schneiden, wenn Sie das Brotmesser vorher erwärmen.

Brühe abgießen

Gießen Sie die fertig gekochte Brühe immer durch ein feines Sieb. Das mitgekochte Gemüse sowie Fleisch oder Fisch können Sie nach Belieben klein schneiden und wieder in die Brühe geben.

Brühe einfrieren ⓘ

➲ Einfrieren – aber richtig

Klare Brühen und Fonds können Sie nach dem Abkühlen problemlos einfrieren. Wenn Sie sie portionsweise zum Beispiel in Eiswürfelbehältern oder Gefrierdosen einfrieren, ist sie bei Bedarf schnell aufgetaut. Nach dem Auftauen sollten Sie die Brühe eventuell noch einmal nachwürzen.

Brühe entfetten

Zu viel Fett in der Brühe sieht nicht appetitlich aus, beeinträchtigt den Geschmack und macht sie unnötig kalorienreich. So entfetten Sie die Brühe:
Wenn Sie die heiße Brühe direkt weiterverwenden möchten, können Sie die Fettaugen mit einem flachen, großen Löffel abschöpfen. Oder Sie ziehen stark saugendes Küchenpapier über die Oberfläche der Brühe. Die Fettschicht wird dabei vom Papier aufgenommen. Noch besser funktioniert es, wenn Sie einen Eiswürfel mit Küchenpapier umwickeln und durch die Brühe ziehen. Das Fett wird sofort fest und bleibt am Küchenpapier hängen.

Ist mehr Zeit vorhanden, lassen Sie die Brühe abkühlen und stellen Sie sie in den Kühlschrank. Das Fett erstarrt und setzt sich an der Oberfläche ab. Sie können es dann leicht mit einem flachen, großen Löffel abheben.

Brühe, kräftig im Geschmack

Der Geschmack der Brühe wird voller und kräftiger, wenn Sie die Zutaten in kaltem Wasser aufsetzen. Einen intensiveren Geschmack erzielen Sie ebenfalls, indem Sie die Fleischzugabe erhöhen oder – bei Gemüsebrühe – indem Sie die Zutaten in etwas Fett anbraten, bevor Sie das Wasser angießen.

Brühe, versalzen

Geben Sie 1–2 rohe, ungeschälte Kartoffeln (in Scheiben) hinzu, kochen Sie die Brühe einmal auf und lassen Sie sie auf der ausgeschalteten Kochstelle etwa 15 Minuten ziehen. Dann Kartoffeln herausnehmen und die Brühe abschmecken. Salzen Sie die Brühe immer erst bei der Weiterverarbeitung, denn gesalzene Brühen werden bei längerem Kochen noch salziger.

Brühe wird trüb

Garen sie in klaren Brühen weder Nudeln, Klößchen noch Reis mit, da die Brühe sonst trüb wird. Garen Sie diese Einlagen lieber getrennt und geben Sie sie anschließend in die Brühe.

Brühe, zu hell

Farbe und Geschmack einer Brühe können Sie mit etwas Safran intensivieren.

Bulgur

Bulgur ist ein Weizenprodukt, das in der orientalischen Küche zu Hause ist. Bulgur wird, ähnlich wie Reis, als neutrale Beilage zu salzigen und süßen Speisen verwendet, besitzt jedoch einen höheren Gehalt an Eiweiß und einigen B-Vitaminen als dieser. Bulgur muss nicht gekocht werden, sondern wird einfach mit der doppelten Menge kochendem Wasser bedeckt und dann für etwa 10 Minuten abgedeckt stehen gelassen.

Buttercreme, geronnene

Ist Ihnen die Buttercreme einmal geronnen, so rühren Sie die Creme in einer Schüssel im warmen Wasserbad so lange, bis sie wieder glatt ist. Sie können auch 25 g Kokosfett zerlassen und noch heiß langsam mit dem Handrührgerät unter die Creme rühren. Vorbeugend sollten Sie darauf achten, dass alle Zutaten für die Buttercreme die gleiche Temperatur haben.

Butter formen

Für Butterrosen dünne Scheiben von einem Stück Butter abschneiden. Die erste Scheibe zu einer Blütenmitte aufrollen. Die übrigen Scheiben an die Blütenmitte anlegen. Den äußeren Rand etwas andrücken (dadurch bekommen Sie die gewellte Blattform). Aus einer Butterscheibe Blätter schneiden und mit der Blüte zusammen dekorieren.

Für Butterlocken von einem Butterstück mit einem Butterhobel (auch Butterroller genannt) Röllchen abziehen. Dafür Butter etwa 30 Minuten in das Gefriergerät legen. Butterhobel kurz in heißes Wasser tauchen und unter leichtem Druck nacheinander Röllchen abziehen. Diese sofort auf Eisstückchen legen, da sie sehr empfindlich sind.

Butter, Konsistenz

Zu harte Butter bekommt in der Mikrowelle schnell die gewünschte Konsistenz: 250 g Butter werden streichfähig, wenn man sie in einem mikrowellengeeigneten Gefäß ohne Deckel für 30–60 Sekunden bei 100 Watt in die Mikrowelle stellt.

Butterschmalz

Butterschmalz eignet sich hervorragend zum Braten. Es hat den Vorteil, dass es sich sehr hoch erhitzen lässt, ohne zu verbrennen. Es bräunt das Gargut auch intensiver und verleiht ihm ein feines Butteraroma.

Canache

Eine Canache besteht hauptsächlich aus Sahne und Kuvertüre oder Schokolade. Je nach Kuvertüre- bzw. Schokoladenmenge bleibt die Masse nach dem Erkalten streichfähig oder wird fest. Zunächst wird Sahne in einem Topf erhitzt (nicht kochen!). Die Kuvertüre oder Schokolade wird anschließend gehackt in die Sahne gegeben. Etwa 1 Minute stehen lassen. Mit einem Schneebesen glatt rühren, bis die Kuvertüre bzw. Schokolade aufgelöst ist. Kühl stellen, bis die Creme die gewünschte Konsistenz hat. Je länger sie steht, desto fester wird die Creme. Eine Canache kann heiß zum Überziehen von Torten verwendet werden oder man lässt sie erkalten und schlägt sie dann zu einer cremigen Masse auf.

Cannelloni füllen

Cannelloni lassen sich ganz leicht füllen, indem man die Füllmasse in einen Spritzbeutel mit großer Lochtülle gibt und die Masse in die Nudelröllchen spritzt.

Wenn Sie keinen Spritzbeutel haben, füllen Sie die Masse einfach in einen Gefrierbeutel und schneiden unten eine kleine Ecke ab.

Carpaccio zubereiten

Fleisch oder Fisch für Carpaccio lässt sich gut schneiden, wenn Sie es vorher eingepackt 1–2 Stunden in das Gefrierfach legen. Das angefrorene Fleisch lässt sich dann mit einem scharfen Messer oder der Brotschneidemaschine in die für ein Carpaccio charakteristischen hauchdünnen Scheiben schneiden. Carpaccio wird auch vegetarisch aus Obst oder Gemüse und als Fischcarpaccio aus Lachs zubereitet.

Champignons

➲ Pilze reinigen

Champignons werden das ganze Jahr über überwiegend als Zuchtpilze angeboten.
Im Kühlschrank lassen sich Champignons etwa 4 Tage in der geöffneten Verpackung, getrennt von Äpfeln und Zwiebeln, lagern. Sind die Lamellen geöffnet, sind die Pilze nicht mehr frisch.

Reiben Sie Champignons lediglich mit etwas Küchenpapier trocken ab. Sehr schmutzige Champignons nur kurz unter fließendem Wasser abspülen. Legen Sie die Pilze nicht ins Wasser; sie saugen sich schnell voll und schmecken dann fade und wässerig.
Champignons bleiben schön weiß, wenn Sie sie nach dem Schneiden mit etwas Zitronensaft beträufeln.

Cherimoya

Äußerlich ähnelt die Cherimoya einem Tannenzapfen. Die grüne, weiche Schale ist nicht essbar. Die Frucht ist reif, wenn sie auf Fingerdruck leicht nachgibt und die Schale braun-schwarze Flecken zeigt. Sie wird geschält, halbiert und entkernt (die Kerne sind nicht essbar) und pur, mit Zitronensaft beträufelt oder zu Eiscremes und anderen Süßspeisen gegessen.
Die Cherimoya wird im Handel häufig unreif angeboten. Sie reift problemlos nach, sollte aber nicht im Kühlschrank aufbewahrt werden.

Chicorée

Chicorée hat am unteren, inneren Ende einen bitteren Kern (Strunk), der entfernt werden muss. Halbieren Sie dafür den Chicorée. Der Kern lässt sich dann leicht herausschneiden. Soll der Chicorée ganz bleiben, entfernen Sie den Kern ganz vorsichtig mit einem spitzen Messer.
Den von Natur aus leicht bitteren Geschmack dieses Salates können Sie mildern, indem Sie den Salat mit etwas Orangensaft beträufeln.

Chilischoten „entschärfen“

Um Chilischoten etwas von ihrer Schärfe zu nehmen, muss man sie auf jeden Fall entkernen und die Scheidewände entfernen. Soll das Gericht hingegen schön scharf werden, werden die Kerne mitverarbeitet.

Wichtig: Nach dem Verarbeiten der Chilis unbedingt die Hände waschen!

Cranberries

Die Cranberries gehören zur Gattung der Heidelbeeren und werden im Handel auch häufig unter dem Namen Kulturpreiselbeere angeboten. Cranberries sind sehr sauer. Hier angebotene Cranberries kommen aus Nordamerika. Aber auch in Skandinavien werden die dort Moosbeeren genannten Früchte gern verwendet. Sie sind frisch und getrocknet erhältlich, und auch Cranberry-Saft ist immer häufiger zu finden. In getrockneter Form können Cranberries – wie beispielsweise in der Weihnachtsbäckerei beim Stollen – die Rosinen ersetzen, da sie eher herbsäuerlich schmecken und nicht so süß, wie Rosinen.

Croûtons, schnelle

Wenn es schnell gehen soll, toasten Sie zunächst die gewünschte Menge Toast- oder Weißbrotscheiben im Toaster. Diese bestreichen Sie anschließend mit etwas Knoblauchbutter und schneiden die Scheiben in etwa 2 x 2 cm große Würfel. Die Croûtons können Sie nun über einen knackigen, grünen Salat streuen oder in eine Suppentasse geben und mit sehr heißer Suppe übergießen. Durch die hohe Temperatur der Suppe verleihen die Croûtons ihr ein angenehm-pikantes Aroma.

Curry

➲ Gewürzkunde

Currypaste

Currypaste benötigt man für die klassische thailändische Küche. In guten Asia-Läden gibt es eine Auswahl verschiedener Farben und Schärfegrade.

Dämpfen ⓘ

Dämpfen ist eine besonders schonende Garmethode für zarte Gemüse, Fisch und auch für Getreideprodukte, wie zum Beispiel Reis. Das Gargut kommt nicht mit der Kochflüssigkeit in Berührung, sondern gart im Wasserdampf, wodurch die Inhaltsstoffe gut erhalten werden. Man benötigt einen speziellen Dämpfeinsatz, der sowohl aus Bambus, als auch aus Metall sein kann. Im Handel sind auch elektrische Dampfgargeräte erhältlich.

Dämpfeinsätze aus Bambus bekommen Sie in Asia-Läden in verschiedenen Größen. Für 4 Personen sollte der Einsatz einen Durchmesser von 24–26 cm haben. Damit nichts festhaftet, wird er dünn mit Speiseöl ausgestrichen und verschlossen. Eine große Pfanne oder einen Wok etwa 3 cm hoch mit Wasser füllen, Wasser zum Kochen bringen und den Einsatz mit dem Gargut hineinstellen.

Datteln entsteinen ⓘ

Datteln trocknen beim Lagern nach und beginnen zu kristallisieren. Sie lassen sich dann nur schwer vom Stein lösen. Um sich die Arbeit zu erleichtern, können Sie die Datteln kurz in der Mikrowelle erwärmen (200 g Datteln bei etwa 180 Watt für etwa 2 Minuten). Schneiden Sie die Datteln längs ein, dann können Sie den Stein leichter herauslösen. Datteln können Sie pur, zum Kochen, Backen oder für Desserts verwenden.

Dill

➲ Kräuterkunde – was passt wozu?

Dünsten ⓘ

Dünsten ist eine nährstoffschonende Art, Gemüse und auch Fisch zu garen. Das Gargut gart in wenig Fett und Flüssigkeit bei einer Temperatur zwischen 98 °C und maximal 100 °C. Zuerst gibt man etwas Fett in einen Topf. Wenn es zerlassen ist, kommt das Gargut darauf, anschließend wird ein wenig Flüssigkeit angegossen und bei geschlossenem Deckel gegart.

Eier, Frischetest

Frische Eier sollen bis zum Verzehr immer kühl und ohne Temperaturschwankungen transportiert bzw. gelagert werden. Diese verschlechtern die Qualität und beschleunigen den Alterungsprozess.

Aufschlagprobe

Das Ei aufschlagen. Bei einem frischen Ei umschließt das Eiweiß das Eidotter fest und das Dotter ist kugelig. Bei einem etwa 7 Tage alten Ei beginnt das Eiweiß zu fließen, es steht also nicht mehr so fest. Bei einem ungefähr 3 Wochen alten Ei ist das Eiweiß wässerig und das Dotter flach.

Schwimmprobe

Für die Schwimmprobe ein Glas mit Wasser füllen und das Ei hineingeben. Wenn das Ei noch sehr frisch ist, bleibt es am Boden liegen. Ein etwa 7 Tage altes Ei richtet sich leicht auf (mit dem stumpfen Ende) und ein etwa 3 Wochen altes Ei beginnt zu schwimmen und steigt an die Wasseroberfläche.

Eiergrößen

In Koch- und Backrezepten werden zumeist Eier der Größe M verwendet. Werden größere oder kleinere Eier verarbeitet, passen sie im Mengenverhältnis nicht mehr zu den anderen Zutaten.

Eier, Kennzeichnung

Vorgeschriebene Angaben auf der Verpackung:

- Güteklasse: im Handel werden nur Eier der Güteklasse „A“ bzw. „frisch“ angeboten
- Gewichtsklasse:
  S (klein): unter 53 g
  M (mittel): 53 g bis unter 63 g
  L (groß): 63 g bis unter 73 g
  XL (sehr groß): 73 g und darüber
- Anzahl der Eier
- Name, Anschrift und Kennnummer der Packstelle
- Haltungsform:
  Bodenhaltung (gekennzeichnet durch eine 2),
  Freilandhaltung (gekennzeichnet durch eine 1),
  ökologische Haltung (gekennzeichnet durch eine 0)
- Mindesthaltbarkeitsdatum (MHD)
- Verbraucherhinweise: „Nach Ablauf des MHDs durcherhitzen“ und „Bei Kühlschranktemperatur aufbewahren“

Eier kochen

Eier platzen beim Kochen nicht auf, wenn man das stumpfe Ende mit einem Eierstecher oder einer Nadel ansticht und dem Kochwasser 2 Esslöffel Essig oder 1 Esslöffel Salz hinzufügt. Außerdem sollten die Eier Zimmertemperatur haben. Die Eier deshalb immer etwa ½ Stunde vor dem Kochen aus dem Kühlschrank nehmen oder sehr kalte Eier kurze Zeit in lauwarmes Wasser legen.

Nach dem Garen werden die Eier mit einem Löffel aus dem Wasser genommen und unter fließend kaltem Wasser abgeschreckt.

Achtung: Eier mit vor kurzem beschädigter Schale auf jeden Fall nur durcherhitzt essen. Soll das Ei im Ganzen gekocht werden, wickeln Sie es fest in Alufolie ein und kochen es wie gewohnt. Sollte das Ei unangenehm riechen, entsorgen Sie es.

Eier, Kochzeiten

Weiche Eier: Nehmen Sie dafür nur ganz frische Eier. Legen Sie das Ei (Größe M) mit Schale in kochendes Wasser. Nach 3–4 Minuten sofort herausnehmen und unter fließend kaltem Wasser abkühlen, sonst gart es nach.

Wachsweiche Eier: Das Eiweiß sollte etwas fest, das Eigelb aber noch weich sein. Gehen Sie wie oben vor, lassen das Ei jedoch 5–6 Minuten lang kochen.

Harte Eier: Einwandfrei hart gekochte Eier erhalten Sie nach einer Kochzeit von 8–10 Minuten. Nicht länger kochen, sonst wird das Eiweiß zäh und das Eigelb grünlich.

Wichtig: Für größere Eier verlängert sich die Garzeit um jeweils etwa 1 Minute. Bei kleineren Eiern verkürzt sich die Garzeit um jeweils etwa 1 Minute.

Eier lagern

Eier möglichst kühl, am besten im Kühlschrank lagern und zwar mit dem stumpfen Ende nach oben (hier ist die Luftkammer). Gerichte mit rohen Eiern sind anfällig für Salmonellen. Deshalb sollten Sie hierfür immer nur ganz frische Eier verwenden und die kalt zubereiteten Speisen noch am gleichen Tag verzehren.

Eier, Mikrowelle

Eier dürfen nicht in der Mikrowelle gekocht werden. Durch den entstehenden Unterdruck würden die Eier regelrecht explodieren.

Eier roh verwenden

Für Gerichte mit rohen Eiern, die später nicht erhitzt werden, nur ganz frische Eier verwenden. Achten Sie auf das Legedatum! Ei bzw. Eier in eine Rühr- oder Edelstahlschüssel geben und im heißen Wasserbad mit Handrührgerät mit Rührbesen bei mittlerer Hitze aufschlagen, bis eine Temperatur von etwa 70 °C entsteht. Das fertige Gericht im Kühlschrank aufbewahren und innerhalb von 24 Stunden verzehren!

Eierstich aus der Mikrowelle

Eierstich ist in der Mikrowelle schnell zubereitet.
Die vorbereitete Masse in eine gefettete Glas- oder Porzellanschüssel geben, zudecken und etwa 8 Minuten bei etwa 450 Watt garen. Den festen Eierstich können Sie dann beliebig zurechtschneiden.

Eier trennen

Das Ei auf einer Kante aufschlagen und die Schale in 2 Hälften auseinanderbrechen. Das Eigelb von einer Schalenhälfte in die andere gleiten lassen. Dabei das Eiweiß in einem darunterstehenden Gefäß auffangen.

Einfrieren – aber richtig

➲ Beeren einfrieren, ➲ Brühe einfrieren,
➲ Fisch einfrieren, ➲ Fleisch einfrieren,
➲ Gemüse einfrieren, ➲ Hefeteig einfrieren,
➲ Kuchen einfrieren, ➲ Spargel einfrieren

Tiefgefroren bleiben Lebensmittel lange haltbar. Das „Schockgefrieren" verhindert Qualitätseinbußen. Bei mindestens -30 °C sollte das Gefriergut so schnell gefrieren, dass sich im Inneren möglichst keine Eiskristalle bilden. Ist die Gefriertemperatur höher, bilden sich größere Eiskristalle. Die Lagertemperatur sollte mindestens -18 °C betragen.
Gut ist das möglichst sauerstoffarme Verpacken des Gefriergutes (vakumieren).

Zum Verpacken von Gefriergut eignen sich Kunststoffbehälter, Alufolie oder Gefrierbeutel. Die Verpackung muss kältebeständig sein und darf weder Luft noch Feuchtigkeit durchlassen. Gefriergut sollte immer beschriftet werden (Datum, Menge und Inhalt).
Zum Einfrieren nicht geeignet sind gebundene Saucen, Pudding, Joghurt, Gelatinespeisen ohne Ei und Schlagsahne, Käse (Aromaverlust!), Salate, Radieschen und Kartoffeln.

Einkaufen nach Saison

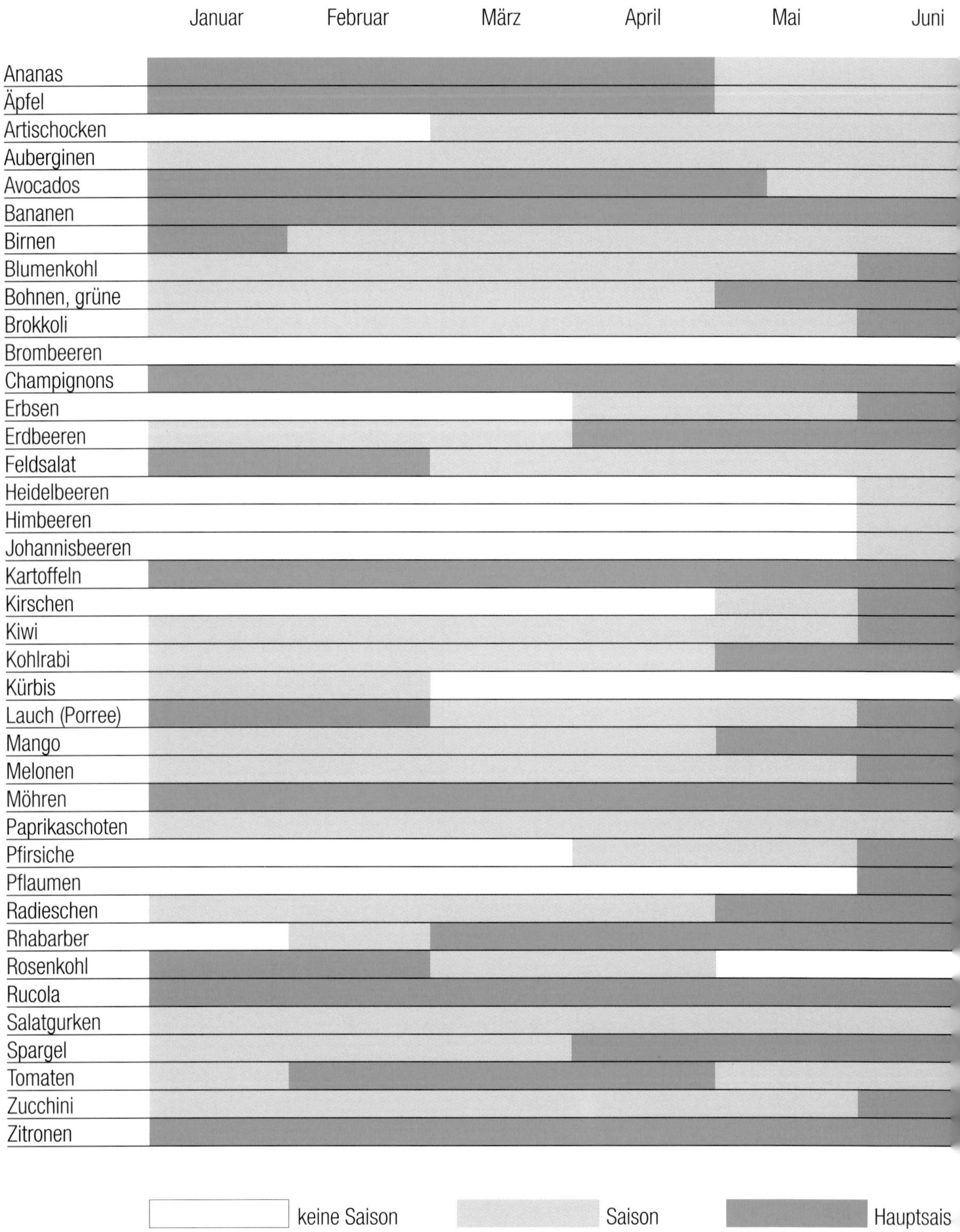

Juli
August
September
Oktober
November
Dezember
Ananas
Äpfel
Artischocken
Auberginen
Avocados
Bananen
Birnen
Blumenkohl
Bohnen, grüne
Brokkoli
Brombeeren
Champignons
Erbsen
Erdbeeren
Feldsalat
Heidelbeeren
Himbeeren
Johannisbeeren
Kartoffeln
Kirschen
Kiwi
Kohlrabi
Kürbis
Lauch (Porree)
Mango
Melonen
Möhren
Paprikaschoten
Pfirsiche
Pflaumen
Radieschen
Rhabarber
Rosenkohl
Rucola
Salatgurken
Spargel
Tomaten
Zucchini
Zitronen

Einkochen von Obst und Gemüse

Beim Einkochen wird Obst oder Gemüse für eine bestimmte Zeit bei einer Temperatur von 75 °C–100 °C erhitzt. Durch die Hitze werden Keime abgetötet. Während des Einkochvorganges entsteht ein Vakuum in den Gläsern, das bei luftdichten Verschlüssen das Eindringen neuer Keime verhindert.
Es gibt verschiedene Möglichkeiten, Obst oder Gemüse einzukochen, die Häufigsten sind: im Wasserbad eines Einkoch-Apparates mit eigener Heizspirale, Temperatur-Regler und meist einem Zeitmesser; im Wasserbad eines Einkoch-Topfes mit Thermometer für die Herdplatte; in der heißen Luft des Backofens bei Ober- und Unterhitze.

Einmachen – Zubereitungstipps

1. Nur Obst, Gemüse und Fleisch von bester Qualität verwenden.
2. Das Einmachgut so frisch wie möglich verarbeiten.
3. Achten Sie auf Sauberkeit sowohl bei der Vorbereitung der Zutaten als auch bei der Verwendung von Einmachgeräten, Gläsern und Töpfen. Bereits kleine Unreinheiten können den Inhalt schon verderben lassen.
4. Reinigen Sie Flaschen und Gläser gründlich vor jedem Gebrauch in heißem Wasser unter Zusatz eines handelsüblichen Spülmittels. Spülen Sie sie in klarem, heißem Wasser nach, stellen Sie die Gläser und Flaschen umgedreht auf ein Geschirrtuch und lassen Sie sie abtropfen und erkalten.
5. Das Kochgut wird direkt nach dem Kochen mithilfe einer Schöpfkelle und evtl. eines Einfüllringes oder Trichters in die vorbereiteten Gläser und Flaschen gefüllt. Verwenden Sie Gläser mit Twist-off-Deckeln®, müssen die Gläser randvoll gefüllt und sofort verschlossen werden. Lassen Sie die verschlossenen Gläser danach sofort umgedreht etwa 5 Minuten auf dem Deckel stehen. So kommt keine Luft ins Glas und der Inhalt ist optimal vor dem Verderben geschützt. Das Einmachgut in den Gläsern erkalten lassen.

Einschubhöhe, Backen

Hohe und halbhohe Backformen werden meist auf dem Rost im unteren Drittel in den Backofen eingeschoben. Flache Formen in der Mitte.
Abweichungen sind möglich und von der Ausführung Ihres Backofens abhängig. Beachten Sie daher auch die Bedienungsanleitung des Backofenherstellers.

Eisbergsalat

Eisbergsalat ist auch unter den Namen Eissalat und Krachsalat bekannt. Die Salatköpfe sind rund, dicht geschlossen und können bis zu 1 kg schwer werden. Die hellgrünen bis weißlich-grünen Blätter sind sehr fest und fleischig, haben aber wenig Eigengeschmack. Eisbergsalat können Sie in Einzelblätter zerteilen oder in Streifen schneiden. In Folie verpackt, hält er sich einige Tage im Kühlschrank.

Eischnee unterheben

Eischnee beim Weiterverarbeiten nur unterheben, nicht rühren. Die eingeschlagene Luft würde sonst entweichen und die Konsistenz der Speise zu fest werden. Steif geschlagenes Eiweiß für Gelatinespeisen darf erst dann unter die Creme gezogen werden, wenn die Masse zu gelieren beginnt. Werden fetthaltige Zutaten unter den Eischnee gemischt, diese vorsichtig unterziehen, damit der Schnee nicht zusammenfällt.

Eischnee wird wieder flüssig

Eiweiß immer erst kurz vor der Weiterverarbeitung steif schlagen. Bleibt der Schnee länger stehen, entweicht die eingeschlagene Luft und er wird wieder flüssig.

Eiswürfel

Eiswürfel werden klar, wenn Sie das Wasser vor dem Einfrieren einmal abkochen. Dekorative Eiswürfel entstehen, wenn Sie frisches Obst in die Fächer des Eiswürfelbereiters geben und mit Wasser einfrieren. Besonders attraktiv im Glas wirken vom Eis eingeschlossene essbare Blüten. Für den Kindergeburtstag können Sie Gummibärchen einfrieren.

Eiweißgebäck backen (trocknen)

Das Backen von Eiweißgebäck ist eher ein Trocknen im vorgeheizten Backofen. Ideal für das Backen ist ein Elektroherd, weil hier auch niedrige Backtemperaturen konstant und ohne große Temperaturschwankungen gehalten werden können (anders als im Gasherd). Nach dem Backen ziehen Sie das Eiweißgebäck mit dem Backpapier vom Backblech auf einen Kuchenrost, damit es erkalten kann. Makronen müssen sich noch weich anfühlen, wenn sie vom Backblech genommen werden. Während des Auskühlens auf dem Kuchenrost trocknen sie ausreichend nach.

Eiweiß steif schlagen

Um Eiweiß steif zu schlagen, müssen Schüssel und Rührbesen des Handrührgeräts absolut fettfrei sein. Im Eiweiß dürfen keine Eigelbspuren sein. Schlagen Sie das Eiweiß auf höchster Stufe so steif, dass ein Messerschnitt darin sichtbar bleibt. Die Festigkeit können Sie durch einen Spritzer Zitronensaft oder eine Prise Salz erhöhen. Bei Zugabe von Zucker wird dieser nach und nach kurz untergeschlagen.

Emaillebackformen

➲ Backformen

Endivie

Beim Endiviensalat unterscheidet man hauptsächlich 2 Sorten: Escariol oder glatte Endivie und Friséesalat oder krause Endivie. Der Escariol hat einen halb geschlossenen grünen Kopf mit breiten, glatten Blättern. Der Blätterrand ist grob gezahnt. Friséesalat besitzt zarte, sehr unregelmäßig und fein gefiederte Blätter. Sie sind stark geschnitzt und werden im Inneren heller und feiner. Beide Sorten schmecken herzhaft-würzig und leicht bitter. In ein feuchtes Tuch gewickelt, hält sich der Salat im Gemüsefach des Kühlschranks 2–3 Tage frisch.

Energiespartipps ⓘ

Ein überlegter Umgang mit immer teurer werdender Energie bietet auch in der Küche Einsparpotenzial:

1. Wählen Sie immer einen zur Größe der Kochplatte passenden Topf, damit keine Energie verloren geht.

2. Legen Sie beim Kochen immer einen Deckel auf den Topf, so bleibt die Wärme darin. Ausnahme: Nudeln besser im offenen Topf kochen, sie kochen leicht über.

3. Nach dem Ankochen auf dem Elektroherd reduzieren Sie die die Hitze so, dass es gerade eben weiterkocht. Auf diese Weise kocht auch so leicht nichts über.

4. Nutzen Sie die Nachwärme der Kochstellen beim elektrischen Kochen. Dazu stellen Sie den Herd einige Minuten vor Ende der Garzeit aus; das Kochgut gart dann in der vorhandenen Hitze noch nach.

5. Nehmen Sie zum Garen von Kartoffeln und Gemüse nur so viel Wasser wie unbedingt nötig. Wenn das Wasser 3–4 cm hoch im Topf steht, reicht das vollkommen aus. Diese Verfahrensweise ist außerdem sehr vitamin- und nährstoffschonend.

6. Beachten Sie die Gebrauchsanweisung Ihres Backofens, in welchen Fällen auf Vorheizen verzichtet werden kann.

7. Befüllen Sie die Spülmaschine vollständig und so, dass das Wasser und der Sprüharm zirkulieren können. Ein Vorspülen ist normalerweise nicht erforderlich. Dosieren Sie Spülmittel genau nach der Anweisung des Herstellers.

8. Bei Neuanschaffungen von Elektrogeräten achten Sie auf die Energie-Effizienzklasse.

9. Bei Kühlgeräten kann man gleich in doppelter Hinsicht sparen: Zum einen halten sich richtig gelagerte Lebensmittel länger, zum anderen kann durch richtige Lagerung im Gerät der Energieverbrauch gesenkt werden.

10. Schon beim Einkauf eines neuen Kühlgeräts sollten Sie im Zweifel eher ein etwas zu großes Gerät wählen, als ein zu kleines, denn das ist schnell überfüllt. Die Luft kann dann nicht mehr zirkulieren und das führt zu einem erhöhten Energieverbrauch.

11. Genaue Angaben, welche Lebensmittel in welchem Bereich gelagert werden sollen, finden Sie in der jeweiligen Gebrauchsanweisung Ihres Kühlschranks und in diesem Buch unter „Lagerung im Kühlschrank“.

12. Grundsätzlich gilt, dass es im Kühlschrank an der Rückwand und auf den Glasablagen eher kälter, in den Gemüsefächern etwas wärmer ist. Am wärmsten ist es in den Fächern der Tür.

13. Es lohnt sich, ein Thermometer in den Kühlschrank zu legen. So hat man immer im Blick, ob die Temperatur in Ordnung ist.

14. Moderne Geräte bieten auch eine Frischezone, in der sich besonders empfindliche Lebensmittel – wie beispielsweise Fisch – lagern lassen.

15. Eine spezielle Zone für Obst und Gemüse sorgt auch hier für das ideale Klima.

16. Achten Sie darauf, gegarte Speisen erst vollständig abkühlen zu lassen, bevor Sie sie ins Kühl- oder Gefriergerät stellen. Das gelingt schnell im kalten Wasserbad.

Ente/Gans/Pute füllen

➲ Geflügel füllen

Bei Enten, Gänsen und Puten bietet es sich an, diese vor der Zubereitung zu füllen. Zum Beispiel mit einer Semmel- oder einer Maronenfüllung. Das Fleisch schmeckt dann auch noch aromatischer als ungefüllt. Das Fleisch auf eine vorgewärmte Platte legen und die Füllung als Beilage zum Fleisch servieren.

Ente/Gans tranchieren

Nach dem Garen werden Ente und Gans wie folgt tranchiert:

1. Die Keulen mit einem scharfen Messer auslösen. Das Fleisch bis zum Gelenk einschneiden, Gelenk etwas drehen und die Sehnen durchschneiden.
2. Die Flügel mit dem Messer ebenfalls an den Gelenken durchtrennen.
3. Das Brustfleisch mit dem Tranchiermesser an beiden Seiten von den Knochen lösen.
4. Das ausgelöste Brustfleisch in Portionsstücke schneiden und das Fleisch auf einer vorgewärmten Platte anrichten.

Erbsen kochen

Erbsen bleiben schön grün, wenn man sie nach dem Kochen mit kaltem Wasser abschreckt. Auch die Zugabe von einer Messerspitze Haus-Natron oder Backpulver erhält die grüne Farbe und hat noch zwei weitere Vorteile: Die Garzeit verkürzt sich etwas und die Hülsenfrüchte sind dadurch besser verdaulich.

Erdbeeren

Waschen Sie Erdbeeren nicht unter fließendem Wasser. Die sehr empfindlichen Beeren werden dadurch leicht beschädigt und verlieren Aroma sowie Saft. Frische Erdbeeren halten sich nicht lange. Im Gemüsefach des Kühlschranks können Sie sie ungeputzt maximal 2 Tage lagern.

Estragon

➲ Kräuterkunde – was passt wozu?

Feigen ⓘ

Frische Feigen sind sehr druckempfindlich. Bei Zimmertemperatur halten sie sich nur etwa 2 Tage.

Feijoa ⓘ

Die grüne, intensiv duftende Feijoa wird auch als Ananas-Guave bezeichnet. Die Schale ist nicht essbar. Sie ist reif, wenn sie auf Fingerdruck leicht nachgibt. Die Frucht wird quer halbiert und wie eine Kiwi ausgelöffelt. Das Fruchtfleisch schmeckt säuerlich-süß. Bei Zimmertemperatur hält sich die Feijoa einige Tage.

Fenchelkörner ⓘ

Fenchelkörner lassen sich am besten im Mörser zerdrücken.

Fett – die richtige Temperatur ⚠

Es ist wichtig, dass das Fett heiß genug ist, bevor Sie das Gargut hinzugeben. Ausbackfett (zum Beispiel für Schmalzgebäck) hat die richtige Temperatur, wenn sich um einen in das Fett gehaltenen Holzstiel kleine Bläschen bilden. Das funktioniert auch im Wok oder in der Pfanne. Einfach einen Holzstiellöffel in das Fett halten und auf die Bläschen achten.

Fett spritzt ⚠

Tupfen Sie das Bratgut vor dem Braten sorgfältig mit Küchenpapier trocken. Damit wasserhaltige Fette wie Butter oder Margarine in der Pfanne nicht spritzen, geben Sie einfach eine Prise Salz mit in die Pfanne.

Fisch, Arten

Beim Fischkauf haben Sie die Wahl zwischen frischem Seefisch, Flussfischen und tiefgekühltem Fisch. Am häufigsten im Handel erhältlich sind:
Seefische: Rotbarsch, Schellfisch, Kabeljau, Steinbutt, Heilbutt, Scholle, Seelachs, Seezunge, Atlantikzunge (Rotzunge), Tunfisch, Lachs, Makrele, Hering, Dorade, Wolfsbarsch (Loup de mer), Seeteufel, Rote Meerbarbe, Sardinen, Seehecht, Red Snapper.
Süßwasserfische: Aal, Hecht, Regenbogenforelle, Lachsforelle, Karpfen, Felchen, Zander, Schleie, Wels, Seesaibling, Äsche, Viktoria-Seebarsch, Pangasius, Tilapia. ➲ Fisch, Überfischung

Fisch einfrieren

➲ Einfrieren – aber richtig

Seefische werden auf hoher See in einer Qualität eingefroren, die sich im Haushalt nicht erreichen lässt. Süßwasserfische sollten fangfrisch ausgenommen, im ganzen oder als Filet möglichst umgehend in Alufolie verpackt und schnell eingefroren werden. Je nach Fettgehalt des Fisches hält er sich 2–5 Monate.

Fischfilet, Gräten entfernen

Störende Gräten im Fischfilet lassen sich leicht mit einer Pinzette entfernen.

Fisch, Frischemerkmale

Ganze Fische sind frisch, wenn ...
- die Augen klar, prall und nach außen gewölbt sind.
- die Kiemen rot leuchten und frei von Schleim sind.
- die Haut kräftig glänzt und mit klarem Schleim überzogen ist.
- sie feste Schuppen haben.
- sie frisch riechen (bei Salzwasserfischen nach Meerwasser oder Seetang).

Zerlegte Fische sind frisch, wenn ...
- die Fischstücke glatt sind und glänzen.
- sie frisch riechen.

Fisch, Garprobe

Es gibt 4 einfache Möglichkeiten für die Garprobe:
Fisch ist gar, wenn ...

- sich Flossen und Gräten leicht herausziehen lassen.
- die Augen heraustreten und trüb gefärbt sind.
- sich die Haut vom Fischfleisch leicht abheben lässt.
- sich beim Druck mit der Gabel das Fischfleisch schuppenförmig löst (Foto).

Fischgeruch

Fischgeruch lässt sich durch einige einfache, aber wirkungsvolle Tipps vermeiden:

- Fisch zugedeckt in einem Gefäß bis zur Weiterverarbeitung im Kühlschrank lagern.
- Hände vor der Fischzubreitung mit Olivenöl oder Zitronensaft einreiben.
- Hände und Gegenstände, die mit Fisch in Berührung gekommen sind, mit kaltem Wasser oder noch besser mit Essig und Zitronensaft einreiben.
- Fischgeruch an den Händen wird entfernt, indem man sie mit Kaffeesatz einreibt und abspült.
- Benutztes Geschirr zuerst mit kaltem Wasser abspülen und erst danach mit heißen Wasser gründlich spülen.
- Fischpfannen mit etwas Salz ausstreuen und so lange erhitzen, bis das Salz braun geworden ist; anschließend das Salz mit etwas Küchenpapier entfernen.

Fisch, Überfischung

Die Weltmeere sind stark überfischt und wir können heute leider nicht jeden Fisch bedenkenlos essen. Der WWF-Einkaufsratgeber sagt Ihnen, welcher Fisch eine gute oder keine gute Wahl für unseren Speiseplan ist, und hilft dabei, naturverträgliche Produkte im Supermarkt zu erkennen! Die Empfehlungen stützen sich auf Kriterien wie zum Beispiel Herkunft und Bestand einer Fischart, Fang- bzw. Zuchtmethode und die Umsetzung eines griffigen Fischereimanagements. Grundsätzlich zu empfehlen sind Fische und Meeresfrüchte mit MSC-Siegel (Marine-Stewardship-Council). Das blaue Siegel kennzeichnet Fisch und Fischprodukte aus nachhaltig arbeitenden Fischereien. Das bedeutet, dass diese Fischereien ausschließlich umweltverträgliche Fangmethoden einsetzen und somit gewährleisten, dass Fischbestände langfristig erhalten bleiben.

Fisch vorbereiten

Bereiten Sie Fisch nicht auf einem Holzbrett zu, da Holz sofort den Fischgeruch annimmt, der sich nur schwer wieder entfernen lässt.

Fleisch auftauen

Zum Verarbeiten lassen Sie tiefgefrorenes Fleisch in einer Schüssel zugedeckt im Kühlschrank auftauen. Das Auftauwasser sofort weggießen, da es gesundheitsschädigende Keime enthalten kann. Ist das Fleisch einmal aufgetaut, darf es nicht wieder eingefroren werden.

Fleisch einfrieren

➲ Einfrieren – aber richtig

Wenn Sie frisches Fleisch nicht sofort zubereiten, dann können Sie es in einer gefriergeeigneten Verpackung tiefgefrieren (bei mindestens -18 °C). Schweinefleisch hält sich so bis zu 6 Monate, Rindfleisch etwa 8 Monate und Hähnchen, Huhn, Pute, Ente oder Gans je nach Fettgehalt 4–10 Monate.

Fleisch klopfen

Kurz gebratenes Fleisch wird durch Klopfen schneller gar. Dafür Koteletts, Schnitzel oder Steaks in einen Gefrierbeutel geben und auf einem Küchenbrett mit dem Fleischklopfer oder einer Pfanne glatt klopfen.

Frikadellen formen

Aus dem Hackfleischteig werden schöne gleichmäßige Kugeln, wenn Sie den Teig mit einem Eisportionierer abteilen. Die Kugeln drücken Sie mit der Hand flach und erhalten so gleich große Frikadellen.
Leichter gelingt Ihnen das Formen, wenn Sie Ihre Hände vorher mit Wasser anfeuchten.

Frikadellen ohne Ei

Wenn Sie keine Eier im Haus haben, können Sie 500 g Hackfleisch auch mit 1 roh geriebenen Kartoffel, 1 trockenen, in kaltem Wasser eingeweichten und ausgedrückten Semmel (Brötchen) oder mit 4 Esslöffeln Magerquark binden. Wichtig ist das Eiweiß, damit der Fleischteig zusammenhält.

Frikadellen, superschnell

Die Fleischmasse aus Bratwürsten können Sie wie Frikadellen zubereiten. Hierfür einfach die Masse aus der Wursthaut drücken, zu kleinen Bällchen formen und etwa 10 Minuten braun und gar braten.

Früchte entsaften

Möchten Sie Früchte selbst entsaften, etwa für die Herstellung von Gelees, gibt es unterschiedliche Möglichkeiten. Gut eignet sich ein Dampfentsafter. Die Früchte können darin ohne Zugabe von Zucker entsaftet werden. Kleinere Mengen lassen sich auch im Schnellkochtopf mit Siebeinsatz entsaften (Herstellerangaben beachten). Saft aus der Saftzentrifuge eignet sich nicht so gut zur Zubereitung von Gelee, da er feinstes Fruchtfleisch enthält und das Gelee trüb wird.

Früchte im Rührkuchen

Kirschen und andere Früchte wie etwa Rosinen sinken beim Backen nicht zu Boden, wenn Sie sie mit etwas Mehl bestäuben, bevor Sie sie unter den Teig heben. Die Früchte am besten mit einem Teigschaber zügig unter den Teig heben. Sie können sie auch mit dem Handrührgerät mit Rührbesen auf mittlerer Stufe – kurz (!) – unterrühren, damit die Früchte nicht zerquetscht werden und den Teig unansehnlich verfärben.

Früchte zum Einmachen

Verwenden Sie nur reife Früchte von bester Qualität. Denn nur qualitativ hochwertige Früchte verleihen Konfitüren, Marmeladen und Gelees ein fruchtig-frisches Aroma und eine leuchtend-frische Farbe. Tiefgefrorene Früchte sind ebenfalls zur Herstellung von Konfitüren, Marmeladen und Gelees geeignet. Größere Obstmengen können Sie vorbereitet – gewaschen, geputzt, entkernt, entstielt usw. – einfrieren.

Gans, knusprig

➲ Ente/Gans tranchieren

Die Haut von Gänsen (oder Enten) wird schön knusprig, wenn Sie die Backofentemperatur während der letzten 10–15 Minuten der Garzeit erhöhen und die Haut mit Salzwasser bestreichen.

Garen in der Hülle

Fleisch, Fisch, Geflügel, Wild, Brot und Gemüse lassen sich in Back- oder Butterbrotpapier, Brat- oder Alufolie verpackt besonders schonend garen. Der Eigengeschmack der Speisen kommt durch das Garen in der Hülle voll zur Geltung und sie bleiben zart und saftig. Und das Beste: Sie brauchen nur wenig Fett.

Und so geht's:
Bestreichen Sie Back- oder Butterbrotpapier, Brat- oder Alufolie mit wenig Öl oder Butter und legen Sie das Gargut darauf. Verpacken Sie das Ganze locker, zum Beispiel mit einer Paketschnur, zu einem Päckchen. Das Päckchen wird dann je nach Rezept, zumeist im Backofen oder auf dem Grill, gegart.

Garen in der Mikrowelle

Lebensmittel, die im Mikrowellengerät zubereitet werden, sollten – je nach Speise – zwischen 1–10 Minuten nach dem Garvorgang außerhalb des Geräts abgedeckt ruhen. Während dieser Zeit wird die Temperatur gleichmäßig in der Speise verteilt; das Gericht gart also noch nach.

Gebäck, Garprobe

Rührteig- und All-in-Teig-Gebäcke: Zum Ende der angegebenen Backzeit stechen Sie mit einem Holzstäbchen tief in die dickste Stelle des Kuchens. Ist das Stäbchen trocken und haftet kein Teig daran, ist der Kuchen gar. Andernfalls verlängern Sie die Backzeit etwas und wiederholen die Garprobe.

Biskuitgebäck: Bevor Sie das Biskuitgebäck aus dem Backofen nehmen, prüfen Sie vorsichtig, ob es gar ist. Dazu legen Sie kurz und leicht eine Hand flach auf den Biskuit. Garer Biskuit fühlt sich nicht mehr feucht, sondern weich und watteähnlich an. Unter leichtem Druck kommt die elastische Oberfläche wieder hoch. Wenn der Biskuit zu stark ausgebacken wird, wird er trocken und fest.

Plätzchen sind gar, wenn die Oberfläche goldbraun aussieht.

Hefe- und Quark-Öl-Teig-Blechkuchen: Heben Sie den Kuchen mit einem breiten Messer vorsichtig hoch – ist die Unterseite leicht gebräunt und trocken, ist der Kuchen fertig.

Gedeckte Blechkuchen

Eine Teigdecke in Backblechgröße lässt sich gut auf Backpapier aus- und aufrollen und anschließend auf dem Kuchen wieder abrollen. Zerbrechliche Teigplatten bringen Sie leicht auf das Backblech, wenn Sie sie über die leicht bemehlte Teigrolle wickeln und auf dem Backblech wieder abrollen.

Geflügel auftauen

Geflügel sollte möglichst langsam auftauen, am besten im Kühlschrank. So bleibt die Zellstruktur erhalten und das Fleisch schön zart. Geben Sie das Geflügel dafür in ein Sieb, damit das Tauwasser abtropfen kann. Das Auftauwasser von gefrorenem Geflügel sofort weggießen (Salmonellengefahr!)

Geflügel dressieren

Beim Dressieren wird das Geflügel in die richtige Form gebracht. Dadurch trocknet es nicht nur bei der Zubereitung weniger aus und schmeckt somit besser – es sieht auch appetitlicher aus. Wenn Sie das Geflügel im Ganzen garen, befestigen Sie mit Küchengarn alle abstehenden Teile wie Flügel und Keulen möglichst nah am Körper. Legen Sie dazu das vorbereitete Geflügel auf den Rücken, biegen Sie die Flügelspitzen nach hinten und schieben Sie die Flügel unter den Rumpf. Schneiden Sie nun die Flügelspitzen ab und binden Sie die Flügel mit Küchengarn unter dem Rumpf zusammen. Die Keulen binden Sie ebenfalls mit Küchengarn zusammen.

Geflügel füllen

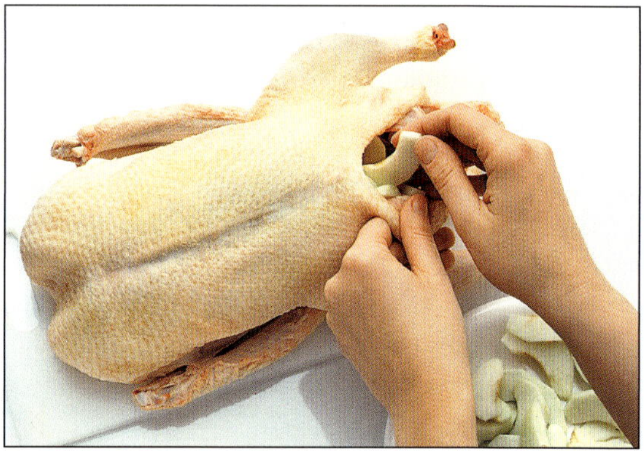

Zum Füllen von Geflügel legen Sie das vorbereitete Geflügel zunächst auf den Rücken. Anschließend geben Sie die vorgesehene Füllung in das Innere.

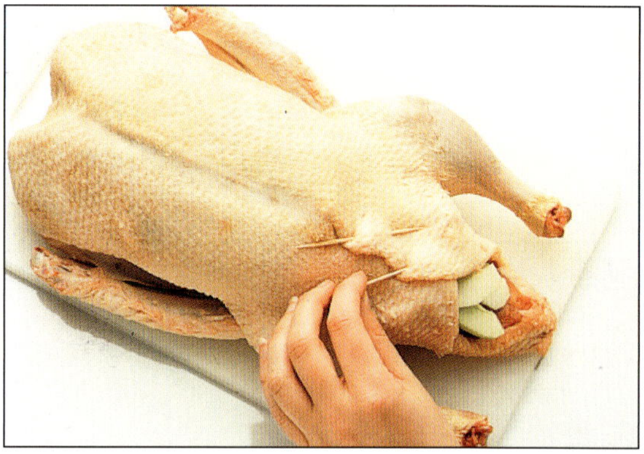

Die Öffnung nähen Sie mit Küchengarn zu oder stecken Sie mit Holzspießchen wie zum Beispiel Zahnstochern zusammen.

Geflügel tranchieren

➲ Ente/Gans tranchieren

Geflügel zubereiten ⓘ

Bei der Zubereitung von Geflügel sollten einige Regeln beachtet werden, da Geflügel immer mit Salmonellen belastet sein kann:

- Geflügel immer ausreichend kühlen bzw. tiefgefrieren (Auftauwasser sofort weggießen).
- Alle Gegenstände, die bei der Zubereitung mit dem Geflügel in Kontakt kommen, nach Gebrauch gründlich reinigen.
- Andere Lebensmittel oder Speisen dürfen nicht mir rohem Geflügel bzw. dem Auftauwasser in Berührung kommen.
- Die Hände nach der Vorbereitung von Geflügel gründlich reinigen.
- Geflügelfleisch immer gut durchgaren (das Geflügel ist gar, wenn der austretende Saft wasserklar ist, das Bein sich leicht aus dem Gelenk lösen lässt).

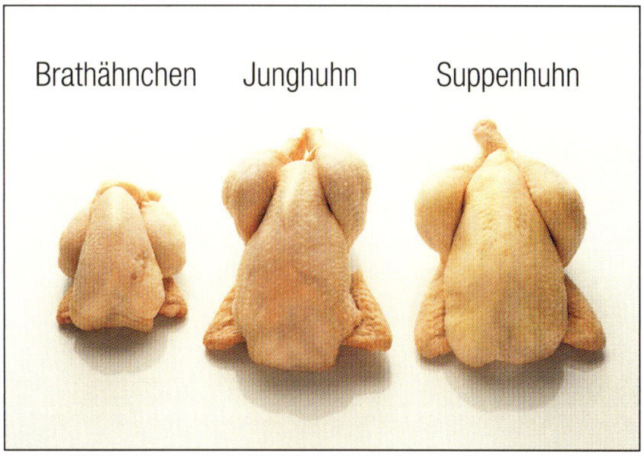

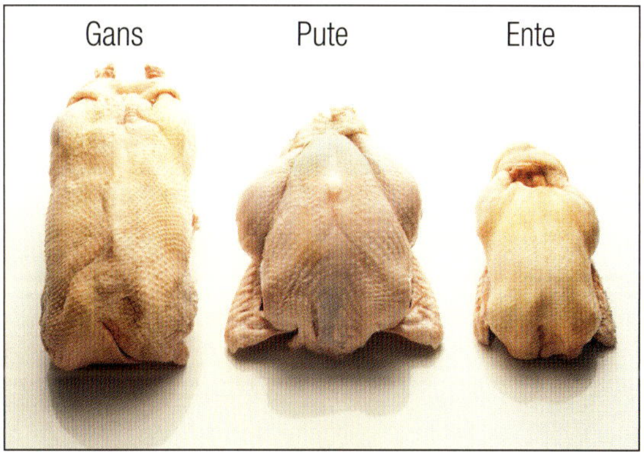

Geflügelfleisch ist im Vergleich zu anderen Fleischsorten relativ eiweißreich und fettarm. Enten und Gänse machen hier eine Ausnahme. Sie sind fettreich und werden daher nur zum Braten verwendet.

Gelatine

Tortenfüllungen oder Dessertcremes lassen sich ideal mit Gelatine festigen. Soll eine Flüssigkeit sturzfest werden, gilt als Faustregel: 6 Blatt oder 1 Päckchen gemahlene Gelatine auf 500 ml (½ l) Flüssigkeit. Und so wird es gemacht:

Blattgelatine: Gelatineblätter einzeln in kaltes Wasser legen und etwa 5 Minuten quellen lassen. Danach herausnehmen, leicht ausdrücken und tropfnass in einem kleinen Topf bei schwacher Hitze unter Rühren auflösen (Foto).

Pulvergelatine: Gemahlene Gelatine mit 4–6 Esslöffeln kaltem Wasser (Packungsanleitung beachten), Saft oder Alkohol (je nach Rezept) in einem kleinen Topf anrühren und etwa 5 Minuten quellen lassen. Danach unter Rühren bei schwacher Hitze auflösen.

Gelatinespeisen ohne Klümpchen

Damit sich keine Klümpchen bilden (egal, ob Sie Blatt- oder Pulvergelatine verwenden) verrühren Sie zunächst etwas von der zu festigenden Flüssigkeit oder Creme mit der lauwarmen Gelatinelösung und geben die Mischung erst dann unter Rühren in die übrige Flüssigkeit oder Creme. Anschließend im Kühlschrank fest werden lassen.

Gelee zubereiten

Achten Sie bei der Verarbeitung und bei allen Einmachgeräten auf höchste Sauberkeit. Verunreinigungen können zum vorzeitigen Verderb des Gelees führen. Füllen Sie das Kochgut direkt nach dem Kochen mit einer Schöpfkelle und evtl. zusätzlich mit einem Einfüllring randvoll in die Gläser. Lassen Sie die verschlossenen Gläser direkt danach umgedreht etwa 5 Minuten auf dem Deckel stehen. So kann keine Luft in die Gläser gelangen, der Inhalt ist vor Verderb geschützt.

Gelierprobe

➲ Konfitüre, zu stark eingedickt

Bevor Sie selbst gemachte Marmelade, Konfitüre oder Gelee in Gläser füllen, sollten Sie immer erst die Gelierprobe machen. Dafür etwas heiße Fruchtmasse auf einen kleinen, kalten Teller geben und im Kühlschrank abkühlen lassen. Wird die Probe fest, ist ihre Marmelade, Konfitüre oder ihr Gelee fertig. Wenn nicht, lassen Sie die Masse noch einige Minuten sprudelnd weiterkochen und wiederholen Sie die Gelierprobe.

Gemüse einfrieren

➲ Einfrieren – aber richtig

Alle Gemüsesorten – außer Spargel – werden vor dem Einfrieren blanchiert (➲ Blanchieren). Zum Einfrieren wird das blanchierte Gemüse trocken getupft, luftdicht in Gefrierbeuteln oder -dosen verpackt und bei mindestens -24 °C tiefgefroren.
Für die Weiterverarbeitung verkürzt sich die Garzeit des Gemüses um etwa ein Drittel.
Zum Einfrieren nicht geeignet sind Gemüsesorten mit hohem Wassergehalt wie Gurken, Tomaten, Radieschen und Blattsalate.

Gemüse nährstofferhaltend zubereiten

Viele Gemüsesorten sind sehr empfindlich gegen Luft-, Wärme-, Wasser- und Lichteinwirkung. Damit keine wertvollen Nährstoffe verloren gehen, sollten Sie ...:

- Gemüse erst kurz vor der Zubereitung putzen.
- Gemüse erst kurz vor dem Zerkleinern abspülen.
- Gemüse kurz, aber gründlich unter kaltem Wasser abspülen und nie im Wasser liegen lassen.
- Gemüse schonend durch Dünsten oder Dämpfen garen (Einige Gemüsesorten wie zum Beispiel grüne Bohnen müssen allerdings gekocht werden).

Geruch im Kühlschrank

Geben Sie den Inhalt eines Beutels Haus-Natron (etwa 50 g) auf eine Untertasse und stellen sie diese offen in den Kühlschrank. Unangenehme Gerüche werden von dem Natron aufgenommen und Geruchsübertragungen verhindert. Der Vorgang kann mehrmals mit ausgetauschtem Natron wiederholt werden. Das gebrauchte Natron können Sie in den Abfluss schütten und so auch dort unangenehme Gerüche beseitigen.

Geruch in der Küche

Eine rohe, in Scheiben geschnittene Kartoffel, 1 Prise Natron oder ein Lorbeerblatt im Blumenkohlkochwasser verhindert eine starke Geruchsbildung in der Küche. Kohlgeruch lässt sich ebenfalls mindern, indem Sie zwischen Kochtopf und -deckel ein mit Essigwasser getränktes Tuch legen.
Essig hilft auch beim Zwiebelnbraten: Geben Sie einen Spritzer Essig zum kalten Fett in die Pfanne.
Oder kochen Sie doch einfach etwas Wasser mit Zimt und Zucker auf. Aber Vorsicht: Nicht anbrennen lassen! Das überdeckt unerwünschte andere Küchengerüche.

Gewürze

Kaufen Sie gemahlene Gewürze immer in kleinen Mengen ein, da die Würzkraft mit der Zeit nachlässt. Sie sollten sie dunkel in geschlossenen Behältern lagern. Am besten erhalten bleiben die Aromastoffe allerdings, wenn Sie ungemahlene Gewürze erst kurz vor der Verwendung etwa in der Pfeffermühle, dem Mörser oder mit der Muskatreibe zerkleinern.
Würzen Sie die Gerichte je nach Rezept. Einige Gewürze werden im heißen Fett bitter, zum Beispiel Paprika. Andere sollten angeröstet werden. Dazu gehören Anis, Kreuzkümmel, Pfeffer, Senfsamen oder Curry.

Gewürzkunde ⓘ

Anis
Der würzig-süßliche Anisgeschmack beruht auf den ätherischen Ölen, die in der Anisfrucht enthalten sind. Anis wird vor allem zum Würzen von Backwaren, Süßspeisen und Einmachobst verwendet.

Curry
Curry ist eine gelbe Gewürzmischung aus 12–15 verschiedenen Gewürzen. Passt zu: exotischen Gerichten, Reis- und Getreidegerichten, Geflügel, Fisch und Saucen.

Gewürznelken
Die getrockneten Blütenknospen werden ganz oder gemahlen verwendet. Sie riechen stark aromatisch und haben einen angenehm brennenden Geschmack. Ganze Nelken werden mitgekocht und vor dem Servieren wieder entfernt. Passen zu: Rotkohl, Sauerbraten, Reis, Wild, Kompott, Gebäck, Glühwein und Marinaden.

Ingwer
Die knolligen Wurzelstöcke werden entweder frisch oder getrocknet und gemahlen verwendet. Ingwer schmeckt brennend scharf, erfrischend und aromatisch. Passt zu: asiatischen Gerichten, Geflügel, Lammbraten, süßsauer eingelegten Früchten, Süßspeisen, Gebäck, Marmeladen und Gelees.

Kardamom
Die Samenkapseln werden ganz oder gemahlen angeboten. Kardamom schmeckt brennend scharf, duftet angenehm würzig und kommt vor allem zum Würzen von Brot- und Backwaren und in der Weihnachtsbäckerei zum Einsatz. In arabischen Ländern wird mit Kardamom sogar der Kaffee verfeinert. Er ist Bestandteil von Currypulver.

Koriander
Koriander ist die pfefferkorngroße Samenfrucht eines Doldengewächses. Die Samen sind gelblich-braun und von mildem, aber scharf-aromatischem Geschmack. Der gemahlene Koriandersamen eignet sich besonders für asiatische Speisen, eingelegtes Gemüse, Gerichte mit Kohl, zum Beizen, zum Brotbacken auch und für die Weihnachtsbäckerei.

Kreuzkümmel (Cumin)
Der sichelförmige Samen wird ganz oder gemahlen verwendet. Kreuzkümmel schmeckt völlig anders und ist schärfer als Kümmel. Passt zu: Gerichten mit orientalischer Note, Auberginen und Currys.

Kümmel
Die Fruchtsamen gibt es gemahlen oder in ganzer Form. Kümmel schmeckt anisähnlich-herb. Passt zu: Kohl und Kartoffeln, Hackfleisch, Brot, Quark und Saucen.

Muskatnuss
Die Frucht des immergrünen Muskatbaumes hat einen sehr strengen, feurigen und leicht bitteren Geschmack. Der gemahlene Samenmantel der Muskatnuss ist als Muskatblüte (Macis) erhältlich. Sowohl Frucht als auch Blüte werden ähnlich verwendet. Macis ist aber etwas milder. Passt zu: Kartoffelbrei, Gemüse, Spinat, Eierspeisen und Béchamelsauce.

Paprikapulver

Die gängigsten Sorten der getrockneten, gemahlenen Schoten sind:

- Paprika edelsüß: süß und würzig, leicht scharf;
- Paprika rosenscharf: scharf bis sehr scharf und würzig-feurig.

Pfeffer

Die runden Früchte des Pfefferstrauchs sind je nach Reifegrad grün, rot, schwarz oder gelblich-weiß.
Grüner Pfeffer wird sowohl gefriergetrocknet als auch in Essig- oder Salzlake eingelegt angeboten. Bewahren sie ihn im Kühlschrank auf und verbrauchen Sie ihn nach dem Öffnen innerhalb von 4–6 Wochen.
Schwarzer Pfeffer ist die vollständige, unreife, getrocknete Frucht und würzig im Geschmack.
Weißer Pfeffer ist der getrocknete Fruchtkern und milder.
Das Universalgewürz Pfeffer bekommen Sie im Handel in Körner- oder Pulverform.

Piment (Nelkenpfeffer)

Dieses „Allgewürz" vereinigt geschmacklich Zimt, Muskat und Pfeffer. Die runden, rot- bis dunkelbraunen Beerenfrüchte sind getrocknet ganz oder gemahlen erhältlich. Passt zu: Wild, Marinaden, Fleischgerichten und -suppen, Frikassees und Lebkuchen.

Rosa Beeren

Rosa Beeren können Sie unzerkleinert wie Pfeffer verwenden. Sie haben einen süßlich-scharfen, wacholderähnlichen Geschmack. Passen zu: Fisch- und Fleischgerichten.

Safran

Die getrockneten Blütennarben einer Krokusart werden ganz oder gemahlen verwendet. Safran ist stark gelb färbend und aufgrund der aufwendigen Ernte sehr teuer. Passt zu: mediterranen Speisen, Fischsuppen, Reisgerichten und Meeresfrüchten.

Sternanis

Die sternartigen Früchte eines Magnoliengewächses ähneln im Geschmack dem Anis. Passt zu: weihnachtlichen Gebäcken, Brot und Süßspeisen.

Wacholderbeeren

Die runden, getrockneten blau-schwarzen Beeren des Wacholderstrauches haben einen ganz eigenen, angenehmen Geschmack. Passen zu: Marinaden, Wild, Fleisch, Fisch und Sauerkraut.

Vanille

Die lange, schotenartige Frucht einer Orchideenart wird im Ganzen oder in Stücken mitgekocht und vor dem Verzehr entfernt. Das ausgekratzte, süßliche Mark aromatisiert Süßspeisen, Gebäck und Eis.

Zimt

Die getrocknete Innenrinde des Zimtbaumes ist in Stücken als Stangenzimt oder gemahlen als Pulver erhältlich. Ceylon-Zimt ist mild bis kräftig und aromatisch, Kassia-Zimt stark würzig im Geschmack. Bevorzugen Sie Ceylon-Zimt. Er enthält geringere Mengen Cumarin. Dieser Pflanzenstoff ist in größeren Mengen gesundheitsgefährdend. Passt zu: Gebäck, Süßspeisen, Punsch, Likören und Würzweinen.

Gewürznelken

➲ Gewürzkunde

Gezuckerte Früchte und Blüten

Gezuckerte Früchte versüßen jeden Teller. Beerenobst, auch mit Stiel und Blättchen, eignet sich besonders gut für ein Zuckerkleid. Lassen Sie dafür eine Zuckerlösung aus 100 g Zucker und 75 ml Wasser dickflüssig einkochen. Bestreichen Sie die Früchte mit dem gut ausgekühlten Sirup und bestreuen Sie sie mit Zucker.

Mit der gleichen Zuckerlösung können Sie auch gezuckerte Blüten zubereiten: Zupfen Sie die Blütenblätter von den essbaren Blüten und bestreichen Sie die Blätter mit dem Sirup. Lassen Sie die Blätter abtropfen und legen Sie sie auf ein mit Zucker bestreutes Backblech. Bestreuen Sie die Blätter mit Zucker und lassen Sie sie etwa 1 Tag trocknen.

Glasbackformen

➲ Backformen

Gläser zum Einmachen

Einmachgläser müssen einwandfrei in Ordnung sein. Verwenden Sie Gläser mit Schraubdeckel (Twist-off-Gläser®), die einen beschichteten Innenrand haben. So bleiben Konsistenz, Aroma und natürliche Farbe des Einmachguts besonders gut geschützt. Einmachgläser sollten nicht zu groß sein (Inhalt zwischen 200 und 370 ml). Reinigen Sie die Gläser vor jedem Gebrauch mit heißem Wasser und Spülmittel. Spülen Sie sie in klarem, heißem Wasser nach und lassen Sie die Gläser umgedreht auf einem Geschirrtuch abtropfen. Die Schraubdeckel (Twist-off®) geben Sie in einen kleinen Kochtopf und kochen sie etwa 5 Minuten aus.

Granatapfel

Reife Granatäpfel haben, wenn Sie daranklopfen, einen metallischen Klang, sehr reife Früchte brechen leicht auf. Granatäpfel können Sie mehrere Monate bei 0–5 °C im Kühlschrank aufbewahren. Auch wenn die Früchte dabei etwas einschrumpeln, bleibt das Innere dabei saftig und frisch.
Zum Verarbeiten schneiden Sie um den Blütenansatz des Granatapfels herum ein kleines Quadrat ein. Ritzen Sie den Apfel von den Ecken aus 4-mal ein. Nun lässt er sich leicht öffnen. Die Kerne lösen Sie mit einer Gabel heraus. Sie sind sehr saftig, schmecken säuerlich-süß und sind eine schöne Dekoration für Kuchen oder Desserts.

Grießklößchen, zerfallen

Damit Grießklößchen beim Garen in der Suppe nicht zerfallen, sollten Sie immer erst eins zur Probe garen, bevor sie alle Klößchen in die Suppe geben. Zerfällt es, geben Sie noch etwas Grieß zum Teig. Wird es zu hart, hat die Suppe zu stark gekocht. Lassen Sie die Suppe etwas abkühlen und nur noch sanft köcheln.

Grünkohl

Grünkohl schmeckt erst nach dem ersten Frost so richtig gut, da dann die Stärke im Blatt in Zucker umgewandelt wird. Kälte macht den Kohl außerdem bekömmlicher.
Grünkohl ist in erstklassiger Qualität tiefgefroren erhältlich und schnell zubereitet.

Gurken aushöhlen

Gurken, die gefüllt werden sollen, lassen sich leicht aushöhlen. Dafür die Gurke schälen, der Länge nach halbieren und mit einem Löffel aushöhlen.

Hackfleisch

Hackfleisch verdirbt leicht. Achten Sie daher beim Kauf unbedingt auf das Herstellungsdatum. Ob Sie das Hackfleisch nun gekauft oder selbst im Fleischwolf hergestellt haben – Sie sollten es immer sofort oder innerhalb 1 Tages weiterverarbeiten und bis zur Zubereitung im Kühlschrank bei maximal 4 °C lagern.

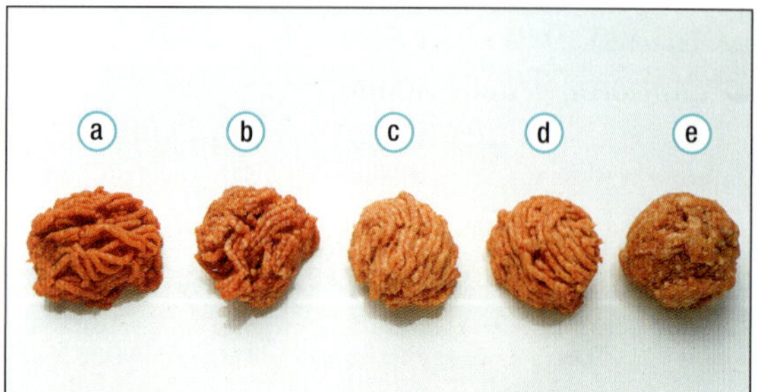

a: Schabefleisch (Beefsteakhack, Tatar); b: Rinderhack; c: Schweinehack; d: Hackfleisch halb und halb; e: Mett

Hähnchen halbieren

Zunächst die Brust am Brustbein entlang durchschneiden. Dann das Hähnchen umdrehen und am Rückrat entlang durchschneiden. Am besten eignet sich zum halbieren eine Geflügelschere. Mit einem großen scharfen Messer funktioniert es aber auch.

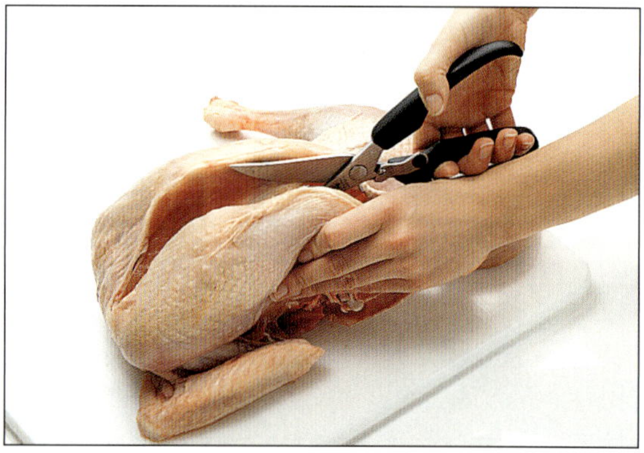

Hefe geht nicht auf

Wenn der Hefeteig nicht richtig aufgeht, kann es daran liegen, dass Salz und Fett mit der Hefe in Berührung gekommen sind. Das hemmt die Gärung der Hefe. Vielleicht war die Frischhefe auch nicht mehr ganz frisch. Oder die Temperatur beim Verarbeiten war zu niedrig. Hefe braucht für die Verarbeitung Zimmertemperatur (etwa 22 °C), die zugegebene Flüssigkeit wiederum muss Körpertemperatur (etwa 37 °C) haben.

Hefeteig „bändigen“

Schiebt sich der Hefeteig an der Rührschüssel der Küchenmaschine oder an den Knethaken hoch? Pinseln Sie die Knethaken und/oder die Schüsselwand mit etwas geschmacksneutralem Speiseöl ein und schon ist das Problem behoben.

Hefeteig einfrieren

➲ Einfrieren – aber richtig

Zubereiteter Hefeteig lässt sich gut einfrieren und ist dann 6–8 Monate haltbar. Bereiten Sie dazu den Teig ohne Teiggehzeit zu und formen ihn auf der bemehlten Arbeitsfläche zu einem flachen Rechteck. Verpacken Sie den Teig in einem Gefrierbeutel und legen Sie ihn in den Gefrierschrank. Zur Verarbeitung lassen Sie den Teig verpackt über Nacht im Kühlschrank auftauen und verwenden ihn nach Rezept weiter. Der nächste Arbeitsschritt ist die erste Teiggehzeit.

Heidelbeeren

Heidelbeeren kurz abspülen, auf Küchenpapier abtrocknen lassen und vorsichtig weiterverarbeiten. Wenn Sie Heidelbeeren unter Teige oder Füllungen rühren, sollten Sie dabei sehr vorsichtig sein, da die Beeren sehr empfindlich sind und stark färben.

Himbeeren

Himbeeren sollten Sie auf keinen Fall waschen, sondern nur sorgfältig verlesen. Die Beeren sind sehr empfindlich und können leicht beschädigt werden. Beim Waschen verlieren sie zudem Aroma und Saft. Die Früchte lassen sich sehr gut tiefgekühlt verwenden und sind als Tiefkühlware in guter Qualität erhältlich.

Hokkaido-Kürbis

Der Hokkaido-Kürbis ist ein orangeroter Speisekürbis mit einem Gewicht von 1–2 kg. Seine dünne Schale wird beim Kochen weich und kann mitgegessen werden – im Gegensatz zu anderen Kürbissorten. Die Kerne müssen jedoch entfernt werden. Das Fruchtfleisch hat ein nussiges Aroma und lässt sich gut mit Ingwer und Chili würzen. Hokkaido-Kürbis kann roh und gegart verzehrt werden.

Holunderblüten

Die Blütendolden des Schwarzen Holunders schmecken in Teig gebacken oder werden zum Aromatisieren verwendet – zum Beispiel von Säften, Konfitüren, Gelees und Likören. Holunderblüten haben einen angenehm blumig-fruchtigen Geschmack.

Honig als Zuckerersatz beim Backen?

Honig wird besonders gerne in der Vollwert- und in der Weihnachtsbäckerei verwendet. Seine Süßkraft ist allerdings geringer als die von Zucker (100 g Honig entsprechen 80 g Zucker).
Da Zucker zusätzlich auch lockert, sollten Sie ihn nicht ohne Weiteres durch Honig ersetzen.

Honig, kristallisiert

Ist Honig kristallisiert, besteht kein Grund, ihn wegzuwerfen. Stellen Sie das Glas in warmes Wasser, und der Honig wird wieder schön klar und flüssig.

Honigmelonen

Honigmelonen gehören zu den Zuckermelonen. Sie sind rundlich bis oval und haben eine glatte, gelbe Schale. Das weißliche bis zart grüne und aromatische Fruchtfleisch schmeckt sehr süß und wird zum Beispiel gerne als Vorspeise in der Kombination mit herzhaftem Parmaschinken serviert.

Hörnchen formen

Schön geformte Hörnchen wie vom Bäcker lassen sich leicht selbst herstellen:
Den Teig für die Hörnchen zu einem Rechteck von etwa 40 x 45 cm ausrollen.

Das Teigrechteck mit einem Messer der Länge nach halbieren.

Jede Teighälfte in 5 Dreiecke (je etwa 15 cm Breite) und 2 schmale Dreiecke (je etwa 7,5 cm Breite) schneiden.

Die Dreiecke mit zerlassener Butter bestreichen, von der breiten Seite zur Spitze hin locker aufrollen und zu Hörnchen formen.

Hülsenfrüchte

Zu den Hülsenfrüchten gehören Erbsen, Bohnen, Linsen, Sojabohnen, Kichererbsen, Mungobohnen und Limabohnen. Die sogenannten Leguminosen sind die eiweißreichsten pflanzlichen Lebensmittel und durch ihren hohen Gehalt an Vitamin B, Folsäure, Eisen und Ballaststoffen sehr gesund.
Getrocknete Hülsenfrüchte halten sich in gut verschlossenen Behältern und trocken gelagert jahrelang.

Hülsenfrüchte sollten immer gegart verzehrt werden. Einzige Ausnahme sind junge, grüne Erbsen. Beispielsweise bei hartem Wasser können die Kochzeiten von Hülsenfrüchten durch die Zugabe von etwa 1 Messerspitze Haus-Natron verkürzt werden. Salzen Sie Hülsenfrüchte immer erst am Ende der Garzeit. Linsen sollten Sie erst danach säuern. Andernfalls können Sie unangenehm bissfest bleiben.

Bohnen

Bohnen zählen zu den wichtigsten pflanzlichen Eiweißlieferanten. Es gibt mehr als 100 verschiedene Sorten. Sie werden auf der ganzen Welt angebaut. Sie werden sowohl frisch gegessen als auch getrocknet verarbeitet. Die bekanntesten Trockenbohnen sind schwarze Bohnen, Kidneybohnen, weiße Bohnen, Adzuki-Bohnen, braune Bohnen, Flageolet-Bohnen, Feuerbohnen, Limabohnen und Mungobohnen.

Erbsen

Schälerbsen gibt es in Grün und in Gelb. Ihre harte Schale wurde entfernt. Während des Kochens werden Schälerbsen sehr weich. Daher eignen sie sich gut für die Zubereitung von sämigen Suppen. Im Handel werden ganze und halbierte Schälerbsen angeboten.

Erbsen, ungeschält, getrocknet

Ungeschälte Erbsen haben einen höheren Ballaststoffanteil, sind allerdings etwas schwerer verdaulich. Ungeschälte Erbsen über Nacht in abgekochtem Wasser quellen lassen. Die gequollenen Erbsen werden dann im Einweichwasser gekocht und wenn notwendig mit Wasser aufgegossen. So wird Überkochen verhindert und die Garzeit verringert sich.

Kichererbsen

Kichererbsen werden getrocknet oder vorgekocht in Dosen angeboten. Getrocknete Kichererbsen weichen Sie am besten über Nacht ein, damit sie lange genug quellen können. Kichererbsen aus der Dose geben Sie in ein Sieb und waschen sie ab. Kichererbsen schmecken leicht nussig. Sie werden in der arabischen Küche zum Beispiel für Hummus und Falafel verwendet.

Linsen, rote/gelbe

Rote und gelbe Linsen sind je nach Größe in 8–15 Minuten gar. Sie haben einen mild-nussigen Geschmack und eine mehlige Konsistenz. Sie zerfallen beim Kochen und sind deshalb für Pürees und sämige Rezepte besonders geeignet. Rote und gelbe Linsen werden in der indischen Küche gern verwendet. Sie werden mit Kreuzkümmel, Ingwer, Kurkuma und Koriander gewürzt.

Linsen, grün-braune

Grüne Tellerlinsen sind meist ungeschält und von bräunlich grüner Farbe. Sie sind in Deutschland die klassischen Linsen für den Eintopf. Ihre Garzeit beträgt 30–45 Minuten.
Die französischen Puy-Linsen sind grünlich und brauchen nicht eingeweicht zu werden. Diese Linsen sind kochfest und eignen sich gut für Salate. Die Kochzeit beträgt etwa 20 Minuten.

Sojabohnen

Die ursprünglich aus China stammenden Sojabohnen werden heute auf der ganzen Welt angebaut. Sie sind sowohl als Öllieferanten (Sojaöl, Margarine) als auch als Eiweißlieferanten (Tofu) bedeutsam. Sie werden in der vegetarischen oder ostasiatischen Küche oft als proteinreiches Lebensmittel verwendet. Zu den bekanntesten Produkten gehören Tofu, Sojasauce und Sojamilch. Weitere Zubereitungen sind Miso und Tempeh. Wer sicher gehen möchte, keine gentechnisch veränderten Sojabohnen zu kaufen, greift am besten auf Sojaprodukte in Bio-Qualität zurück. Getrocknete Sojabohnen sind meist cremefarben. Vor der Zubereitung werden sie einige Stunden eingeweicht, haben aber trotzdem eine relativ lange Garzeit.

Induktionsherde

Induktionsherde bieten die Möglichkeit, energiesparend zu kochen. Die Wärme wird durch ein Magnetfeld direkt im Topfboden und in den Seitenwänden erzeugt. Die Umgebung des Gefäßes erwärmt sich nicht, was die Reinigung vereinfacht, da nichts festbrennen kann. Das Kochgut erhitzt sich sehr schnell und die Kochvorgänge lassen sich genauer dosieren, da die Reaktionszeiten sehr kurz sind. Die Kochstelle erwärmt sich nur, wenn ein entsprechendes Kochgefäß darauf steht. Versehentlich eingeschaltete Kochstellen (zum Beispiel von Kindern) bleiben kalt, wenn kein Topf oder etwas aus Metall daraufsteht. Für Kochen mit dem Induktionsherd benötigt man Kochgeschirr, das aus ferromagnetischem Eisen ist. Gut geeignet sind Guss- oder Stahltöpfe. Töpfe aus Edelstahl sowie Aluminiumtöpfe oder Töpfe aus Glas und Keramik eignen sich nicht.

Ingwer zerkleinern

➲ Gewürzkunde

Frischer Ingwer ist sehr viel schärfer als getrockneter. Die Zugabe von etwas frischem Ingwer macht schwer verdauliche Gerichte leichter bekömmlich.
Das recht zeitaufwendige Hacken können Sie sich sparen, indem Sie die geschälten Ingwerstücke durch eine Knoblauchpresse direkt in die Speise drücken.

Innereien

Zu den essbaren Innereien gehören Leber, Zunge, Herz, Hirn, Bries, Nieren, Kutteln, Lunge, Milz, Euter und Magen. Innereien sind meistens fettarm, eiweiß-, vitamin- und mineralstoffreich. Jedoch enthalten sie teilweise viel Cholesterin und Harnsäure. In manchen Regionen gelten einige Innereien als Delikatesse. Essen Sie Innereien nicht zu oft, da sie eine hohe Schwermetallbelastung aufweisen können. Die Schadstoffbelastung bei Innereien von Jungtieren ist geringer; außerdem sind sie zarter.

Johannisbeeren entstielen

Mithilfe einer Gabel lassen sich die einzelnen Johannisbeeren leicht von den Stielen abtrennen.

Kalbfleisch

Kalbfleisch stammt von jungen Rindern, die jünger als 3 Monate und bis zu 150 Kilogramm schwer sind. Am besten schmeckt Kalbfleisch von 4–10 Wochen alten Mastkälbern. Kalbfleisch ist zartfaserig, hat eine hellrote Farbe (ein Zeichen für den hohen Gehalt an Eisen) und ist mager bis fettarm.

Zum Kurzbraten und Grillen eignen sich:
Scheiben von Ober- und Unterschale, Nuss, Haxe, Kotelett, Scheiben von Leber, Hirn oder Niere.

Zum Braten eignen sich:
Nuss, Ober- und Unterschale, Hüfte, Rücken, Filet, Brust, Haxe.

Zum Schmoren eignen sich:
Brust, Nacken, Schulter (Bug), Haxe.

Zum Kochen eignen sich:
Nacken, Brust, Dünnung, Leber, Herz, Bries, Hirn.

Teilstücke vom Kalb
Es gibt verschiedene Schnittführungen beim Zerteilen des Fleisches und regional unterschiedliche Bezeichnungen für die einzelnen Fleischteile.

Nacken (Hals, Kamm): Das zarte, kurzfaserige, marmorierte Stück wird überwiegend mit Knochen angeboten. Es wird für Braten, Ragout, Gulasch und Frikassee verwendet.

Kotelettstück (Karree, Karbonade): Das Kotelettstück ist ein Stück aus dem vorderen Rücken. Das Filet wird herausgelöst und getrennt angeboten.

Brust: Kalbsbrust ist ein marmoriertes Stück, das mit und ohne Knochen angeboten wird. Sie hat eine längere Garzeit und ist auch zum Füllen geeignet.

Oberschale: Das mürbe Bratenstück aus der Keule wird in Scheiben geschnitten als Schnitzelfleisch zubereitet.

Nuss (Kugel): Die Kalbsnuss ist ein hochwertiges, mageres Bratenstück aus der Keule und auch für Schnitzel geeignet.

Filet (Lende): Edles, sehr mageres Fleisch mit zarten Fasern. Wird im Ganzen oder in Scheiben gebraten und für Geschnetzeltes und Fondue verwendet.

Haxen (Hesse): Haxen sind mit mageren Muskeln und Sehnen durchzogen. In Scheiben geschnitten bezeichnet man sie als Beinscheiben (z. B. für Osso buco).

Dünnung (Flanke): Flaches Teilstück des Hinterviertels. Wird für Gulasch und Rollbraten verwendet.

Karambole

Die wegen ihrer Optik auch Sternfrucht genannte, zitronengelbe Frucht wird gerne als Dekoration für Desserts und Getränke verwendet. Schale und Kerne sind essbar. Kühl gelagert hält sie sich etwa 5 Tage.

Karamell

Zucker in einem Topf gleichmäßig verteilen und unter Rühren bei mittlerer Hitze schmelzen lassen, bis er hell- bis mittelbraun (karamellisiert) ist. Dann Fäden oder Formen daraus gießen. Der Karamell erstarrt beim Erkalten. Für Karamellsauce Flüssigkeit wie beispielsweise Wasser und/oder Alkohol unterrühren und den Topf danach vom Herd nehmen.
Vorsicht: Karamell verbrennt sehr leicht, wird dann schwarz und schmeckt sehr bitter.

Kartoffeln lagern

Kartoffeln immer luftig, kühl (bei 4–12 °C) und trocken lagern. Sollten Sie keine guten Lagerungsmöglichkeiten haben, kaufen Sie lieber kleinere Mengen ein und füllen diese in Leinen-, Jute- oder dunkle Papiertüten um. Im Folienbeutel faulen Kartoffeln schnell. Das Lagern von Kartoffeln in dunklen Papiertüten verhindert zudem die Bildung von grünen Stellen an Kartoffeln, die das giftige Solanin enthalten.

Kartoffelpüree

Die Kartoffeln nie mit einem Handrührgerät verrühren oder einem Pürierstab pürieren! Das Püree wird sonst zäh. Verwenden Sie einen Kartoffelstampfer oder eine Kartoffelpresse!

Kartoffelpüree warm halten

Geben Sie das Püree in eine hitzebeständige Schüssel und stellen diese ins Wasserbad. Legen Sie einen Topfdeckel oder ein Geschirrtuch darüber, um den Dampf in der Schüssel zu halten. Das Püree bleibt so etwa 1 Stunde warm und behält seine Konsistenz.

Kartoffelsorten

Festkochende Kartoffeln wie Cilena, Hansa, Linda, Nicola oder Sieglinde enthalten viel Wasser und wenig Stärke. Sie lassen sich gut in Scheiben schneiden und eignen sich für Salate, Gratins, als Salz-, Pell- oder Bratkartoffeln.
Mehligkochende Kartoffeln wie Adretta, Afra, Bintje, Datura, Ilona oder Maritta sind sehr stärkehaltig und daher ideal für Püree, Klöße, Kartoffelpuffer, Suppen und Eintöpfe.

Vorwiegend festkochende Kartoffeln wie Christa, Grata, Granola, oder Leyla eignen sich für Salz-, Pell- oder Bratkartoffeln, Folienkartoffeln, Suppen und Eintöpfe.
Achten Sie beim Kartoffelkauf darauf, dass die Kartoffeln sortenrein, unbeschädigt, sauber und trocken sind. Kartoffeln sollten keine nassen Stellen, Ansätze zum Keimen, grüne Stellen oder Schimmelansatz aufweisen. Sie dürfen weder muffig noch faulig riechen.

Käse

Käse entfaltet erst bei Zimmertemperatur sein volles Aroma. Nehmen Sie ihn daher bereits ½–1 Stunde vor dem Servieren aus dem Kühlschrank.

Käse klebt an der Reibe

Zum Reiben sollte der Käse sehr gut gekühlt sein. Die Reibe pinseln Sie vor der Benutzung mit etwas geschmacksneutralem Speiseöl ein. Beim Reiben klebt der Käse so nicht mehr an.

Käsekuchen, goldgelb ⓘ

Käsekuchen bekommt eine wunderbare, goldgelbe Farbe, wenn Sie ihn kurz vor Ende der Backzeit mit einer Mischung aus 4 Esslöffeln (Kondens-)Milch und 1 Teelöffel Zucker bestreichen.

Keramikbackformen

➲ Backformen

Kerbel

➲ Kräuterkunde – was passt wozu?

Kiwi ⓘ

Kiwis enthalten das Enzym Bromelin, das das Gelieren verhindert. Verwenden Sie daher für Gelatinespeisen keine frischen Früchte, sondern Kiwis aus der Dose. In Milchspeisen entwickeln Kiwis einen bitteren Beigeschmack. Diesen können Sie reduzieren, wenn Sie die geschälten Kiwis kurz mit heißem Wasser übergießen und erst dann in die Milchspeise geben.

Klitschstreifen im Rührkuchen ⚠

… entstehen, wenn zu viel Flüssigkeit (z. B. Milch) in den Teig gegeben wurde. Deshalb immer nur so viel Flüssigkeit unter den Teig rühren, dass er schwer reißend vom Löffel fällt. Beachten Sie unbedingt die im Rezept angegebene Eiergröße sowie die Rührzeiten. Zu langes oder starkes Schlagen (z. B. mit der Küchenmaschine) fördert Klitschstreifen.

Klöße abtropfen lassen

Gare Klöße heben Sie am besten mit einer Schaumkelle aus dem Wasser und lassen sie gut abtropfen, damit ihre Oberfläche trocknet. Mit einer trockenen Oberfläche nehmen die Klöße viel besser Sauce auf. Wenn Sie einen Probekloß machen, können Sie feststellen, ob der Teig die richtige Beschaffenheit hat und eventuell nachbessern.

Klöße formen

Klöße sollten Sie mit nassen Händen formen, dann bleibt der Teig nicht an den Händen kleben.

Klöße garen

Klöße brauchen zum Garen Platz. Wählen Sie daher einen breiten Topf. Lassen Sie Klöße im offenen Topf gar ziehen (Ausnahme: Hefeklöße). Klöße sollen in leicht siedendem Wasser nur gar ziehen. Das Wasser darf nicht kochen, da die Klöße sonst auseinanderfallen.
Rütteln Sie während der Garzeit ab und zu leicht am Topf, damit die Klöße an die Oberfläche steigen.

Klöße, Garprobe

Teilen Sie nach Ende der Garzeit einen Probekloß mit einer Gabel in 2 Hälften. Ist das Kloßinnere trocken, sind die Klöße gar. Ist das Innere noch feucht, müssen die Klöße noch ziehen.

Knetteig auf Vorrat

Knetteig für Obstkuchen, Törtchen oder Plätzchen lässt sich gut auf Vorrat zubereiten. Zu einer Kugel geformt und fest in Frischhaltefolie gewickelt, kann er 2–3 Monate tiefgekühlt gelagert werden. Nach dem Auftauen (➲ Auftauen – aber richtig) können Sie ihn wie gewohnt weiterverarbeiten. Auf diese Weise sparen Sie viel Zeit.

Knetteig ausrollen

Knetteig lässt sich schneller und müheloser ausrollen, wenn Sie bei der Zubereitung nur gut gekühlte Zutaten verwenden und diese zügig miteinander verkneten. Anschließend rollen Sie den Teig am besten auf einer kalten Marmor- oder Granitplatte oder zwischen 2 Lagen Frischhaltefolie aus.

Knetteig bricht

Wenn der Knetteig bei der Zubereitung bricht, fehlt meistens Flüssigkeit. Der Fehler ist schnell behoben: Drücken Sie den Teig so zusammen, dass in der Mitte eine Vertiefung entsteht. In diese etwas Milch oder weiches Fett geben und mithilfe einer Gabel in den Teig einarbeiten. So lässt sich der Teig leicht verkneten.
Es kann allerdings auch sein, dass der Teig durch mehrfaches Ausrollen und Mehlen brüchig geworden ist. In diesem Fall müssen Sie einen neuen Teig zubereiten, da dieser Teig auch nach dem Backen bröckelig bleibt. Arbeiten Sie zu Beginn mit einem Messer, einer Teigkarte oder den Knethaken des Handrührgeräts, dann wird der Knetteig nicht so schnell warm.

Knetteig, zu weich

Ist der Knetteig beim Kneten zu weich geworden, sollten Sie ihn eine Zeit lang in Frischhaltefolie verpackt in den Kühlschrank legen.
Haben Sie versehentlich zu viel Eier, Milch oder Wasser hinzugegeben, kneten Sie vorsichtig noch etwas Mehl unter. Aber Achtung! Nicht zu viel Mehl unterkneten, sonst wird der Teig bröckelig.

Knoblauch schmeckt bitter

Entfernen Sie beim Anbraten von Knoblauch den grünen Spross und braten Sie Knoblauch bei nicht zu starker Hitze und nicht zu lange. Wird die Knolle zu stark gebräunt, schmeckt sie bitter.

Knollensellerie

Knollensellerie sollte sich beim Kauf fest und schwer anfühlen und keine schimmligen oder weichen Stellen haben. Achten Sie darauf, dass die Knolle nicht hohl klingt, wenn Sie daraufklopfen. Dann ist sie innen weich und nicht mehr frisch. Das weiße Knollensellerie-Fleisch oxidiert schnell und bekommt unansehnliche braune Flecken. Es sollte daher möglichst rasch mit Zitronensaft beträufelt werden.

Kokosflocken/-raspel rösten

Kokosflocken oder -raspel schmecken intensiver, wenn Sie sie in einer Pfanne ohne Fett goldbraun rösten. Lassen Sie sie allerdings nicht aus den Augen, da sie in der heißen Pfanne leicht verbrennen. Sobald sie ein schönes Goldbraun angenommen haben, nehmen Sie die Kokosflocken oder -raspeln sofort aus der Pfanne und lassen sie auf einem Teller erkalten. Große Mengen können im Backofen auf einem Backblech bei 200 °C in 5–8 Minuten geröstet werden.

Kokosnuss knacken

Mit einem spitzen Gegenstand (Dorn oder Korkenzieher) die Augen der Kokosnuss einstechen. Die Nuss in ein enges Gefäß setzen und das Kokoswasser herauslaufen lassen.

Die Kokosnuss in ein Geschirrtuch wickeln und mit einem Hammer vorsichtig aufschlagen.

Das Kokosnussfleisch mit einem Löffel von der Schale lösen.

Konfitüre nicht fest geworden

Hat Ihre Konfitüre nicht die gewünschte Festigkeit, rühren Sie 1 Päckchen Dr. Oetker Zitronensäure unter das heiße Kochgut. Der Geliervorgang in den Gläsern kann bis zu 1 Woche dauern.

Konfitüre, zu stark eingedickt ⚠

Ist Ihre selbst gemachte Konfitüre, Marmelade oder Ihr selbst gemachtes Gelee zu sehr eingedickt, können Sie die Fruchtmasse mit etwas heißem Fruchtsaft verdünnen.

Konserven, angebrochene ⓘ

Füllen Sie Reste aus angebrochenen Konserven unbedingt in andere Behältnisse um. Sie könnten den Geschmack der Dosen annehmen.

Koriander

➲ Kräuterkunde – was passt wozu?

Kräuter aufbewahren

Schneiden Sie von frischen Bundkräutern die Stielenden ab. Stellen Sie sie in frisches, kaltes Wasser, wickeln Sie sie locker in Frischhaltefolie ein oder geben Sie sie in einen Gefrierbeutel. Länger halten sich die Kräuter, wenn Sie sie im Kühlschrank aufbewahren.

Kräuter in Töpfen aus dem Supermarkt sollten Sie innerhalb von 3 Tagen verbrauchen. Sie reagieren sehr empfindlich auf Temperaturschwankungen.

Kräuter, getrocknete ⓘ

Die Kräuter müssen wirklich trocken sein, ehe sie in gut verschließbare, lichtundurchlässige Gefäße aus dunklem Glas, Holz oder Weißblech gefüllt werden. Bewahren Sie sie nicht länger als 1 Jahr auf.

Getrocknete, ganze Kräuter können Sie zusammen mit ein paar Tropfen Speiseöl im Mörser zerstoßen, bevor Sie sie an die Speisen geben. Dadurch entfaltet sich ihr Aroma besonders gut.

Kräuterkunde – was passt wozu?

Basilikum
Aromatisch im Geruch und ausgesprochen würzig im Geschmack. Passt zu: Lamm, Geflügel, Fisch, Eiern, Salaten (besonders Tomatensalat), Rohkost, Gemüse und Nudeln.

Bohnenkraut
Riecht und schmeckt leicht nach Pfeffer. Passt wunderbar zu: Bohnengerichten, Gemüse, pikanten Salaten, Eintöpfen, Getreide- und Hülsenfruchtgerichten und Kartoffeln.

Borretsch
Schmeckt leicht nach Gurke. Passt zu: Salaten, Saucen, Gemüse, Eier-, Quark-, Joghurtspeisen und Suppen.

Dill
Schmeckt angenehm würzig und leicht nach Fenchel. Passt zu: Rohkost, Salaten, Krustentieren, hellen Geflügel- und Fleischgerichten, Fisch, Eier- und Quarkspeisen, Gurken, Suppen, Saucen.

Estragon
Das Aroma ist unverwechselbar, leicht bitter und süß. Harmoniert besonders gut mit Basilikum, Salbei, Zitrone, Schnittlauch und Kerbel. Passt zu: Suppen, Saucen (zum Beispiel Sauce bérnaise) , gebratenem Fisch, hellen Geflügel- und Fleischgerichten, Gemüse, Getreidespeisen und Omeletts.

Kerbel
Kerbel schmeckt aromatisch süßpfefferig nach Petersilie und Anis. Passt zu: Salaten, Saucen, Kräuterquark, Spargel und Ei.

Koriander
Mit frischem Koriander würzt man vorzugsweise orientalische, indische, asiatische, karibische und mexikanische Gerichte.

Kresse
Gartenkresse ist kräftig und würzig im Geschmack. Sie wird in Kästchen, aber auch zum Selbstziehen angeboten. Passt zu: Suppen, Saucen, Salaten, Rohkost, Quark-, Joghurt- und Eierspeisen, Kräuterbutter und Brot.

Liebstöckel (Maggikraut)
Der pikant-süße Geschmack erinnert an Sellerie. Da Liebstöckel sehr würzig ist, sollte es nur sparsam verwendet werden. Liebstöckel passt geschmacklich gut zu Majoran, Thymian, Zwiebeln und Knoblauch. Passt zu: deftigen Suppen und Eintöpfen, Füllungen, Brühen, Hülsenfrüchten, Getreidegerichten, Gemüse und pikanten Salaten.

Lorbeer
Die getrockneten Lorbeerblätter werden mitgekocht und entfalten dann ihr herb-würziges Aroma. Lorbeer sollte nur sparsam verwendet werden. Er wird nach dem Kochen aus dem Gericht wieder entfernt. Passt zu: Fleisch-, Fisch- und Wildgerichten, Saucen, Eintöpfen, Marinaden und ist ideal zum Marinieren.

Majoran
Der leicht brennend-süßliche Geschmack erinnert ein wenig an Thymian. Verträgt sich gut mit Basilikum und Rosmarin. Majoran macht fette Speisen bekömmlicher. Passt zu: Suppen, Saucen, Füllungen, Pasteten,

Lammfleisch, Hackfleisch, Getreidegerichten, Erbsen- und Bohneneintöpfen, pikanten Salaten, Gemüse, Kartoffeln, Wurstwaren.

Minze
Neben der Pfefferminze und der Zitronenminze gibt es viele weitere Minzarten. Die Blätter schmecken sehr würzig, frisch und kräftig und sollten daher nur sparsam verwendet werden. Passt zu: Ragouts, Füllungen, Lamm, Wild, Eintöpfen, Hülsenfrüchten, Süßspeisen und Obstsalaten.

Oregano
Oregano hat einen ähnlich angenehm bitteren Geschmack wie Majoran. Oregano ist ein typisches Gewürz der italienischen Küche, das sein volles Aroma erst beim Kochen oder Backen entfaltet. Passt zu: Nudelgerichten, pikanten Saucen, Pizzen und auch Gemüsegerichten.

Petersilie
Petersilie gibt es mit glatten und mit krausen Blättern. Sie ist das Universalkraut der Küche schlechthin. Charakteristisch ist der frisch-süßliche, leicht bittere Geruch und Geschmack. Petersilie verträgt sich mit allen anderen Kräutern. Passt zu: fast allen Fleisch- und Fischgerichten, Gemüse, Suppen, Saucen, Salaten, Kartoffeln, Teigwaren, Eintöpfen und Aufläufen.

Pimpernell, Pimpinelle
Pimpernell ist ein Doldengewächs mit einem gurkenähnlichen Geschmack. Es wird nur frisch oder gefroren verwendet. Passt zu: Suppen, Saucen, Gemüse- und Fischgerichten, Kräuterbutter und -essig.

Rosmarin
Rosmarin duftet aromatisch-harzig und schmeckt würzig, kräftig und leicht bitter. Passt zu: Lammfleisch, Braten, Geflügel, Fisch, Wild, Kartoffeln, Getreide- und Hülsenfruchtgerichten, würzigen Saucen, Pilzen, Zucchini und Auberginen.

Salbei
Salbei schmeckt würzig und leicht bitter. Er sollte nur sparsam verwendet werden. Passt zu: Fisch, Schweinefleisch. italienischen Gerichten, Lamm, Geflügel, Getreidegerichten, Teigwaren, Reis und Tomaten.

Schnittlauch
Das Lauchgewächs ist würzig und scharf im Geschmack. Es wird als Universalkraut eingesetzt. Passt zu: Suppen, Saucen, Salat, Fisch- und Fleischgerichten, Kräuterbutter, Teigwaren, Reis, Gemüse, Eintöpfen, Eier-, Quark- und Joghurtgerichten.

Thymian
Thymian hat ein starkes Aroma und ist im Geschmack leicht brennend und bitter. Er harmoniert nur mit ebenfalls stark aromatischen Kräutern wie Majoran, Petersilie oder Lorbeer. Passt zu: allen Braten und kräftigen Fleischgerichten, Suppen, pikanten Salaten, Hülsenfrucht- und Getreidegerichten, Gemüse, Reis und Kräuteressig.

Zitronenmelisse
Charakteristisch ist der zitronenartige und würzige Geschmack. Passt zu: Salaten, Saucen, Eiern, Quark- und Joghurtgerichten, Obstsalaten, Tee und Erfrischungsgetränken.

Kräuter verarbeiten

Kleinblättrige Kräuter wie Rosmarin, Thymian oder Majoran halten Sie zum Abstreifen der Blätter am oberen Teil des Stängels fest. Dann streifen Sie die Blätter mit der Hand von oben nach unten ab. Zerkleinern Sie die Kräuter erst unmittelbar vor der Weiterverarbeitung mit einem Messer, sonst geht das Aroma verloren. Kochen Sie frische Kräuter nicht mit, da sie sonst an Geschmack und Aroma verlieren. Thymian, Rosmarin und Bohnenkraut sollten einige Minuten im Gericht ziehen können, damit sich ihr Geschmack entfalten kann.

Kräuter verbrennen nicht

Frische Küchenkräuter, die über einen Auflauf gestreut werden, verbrennen beim Backen im Backofen nicht so schnell, wenn Sie sie vorher mit etwas Speiseöl bestreichen.

Kresse

➲ Kräuterkunde – was passt wozu?

Kreuzkümmel

➲ Gewürzkunde

Kuchen auftauen

Zum Auftauen im Backofen eignen sich alle trockenen Gebäcke, unbelegte Tortenböden und unglasiertes Fettgebäck.

Kuchen bröckelt beim Schneiden

Achten Sie darauf, dass Sie das Messer beim Kuchenschneiden nicht herunterdrücken, sondern „sägend“ bewegen. So wird die Schnittfläche glatt. Gut eignet sich ein Sägemesser oder ein spezielles Tortenmesser, das gleichzeitig als Tortenheber fungiert. Für aufwendig verzierte und garnierte Torten ist ein Elektromesser empfehlenswert.

Kuchen einfrieren

➲ Einfrieren – aber richtig

Die meisten Kuchen und Torten lassen sich problemlos einfrieren. Einmal aufgetaut sollten sie jedoch nicht erneut eingefroren werden. Frieren Sie Kuchen in kleinen Portionen ein, das verkürzt das spätere Auftauen. Kuchen hält sich etwa 3 Monate, Rührkuchen sogar bis zu 6 Monate im Tiefkühlgerät.

Rührteig-, Schüttelteig- und All-in-Teig-Gebäck	Einfrieren ohne Puderzucker-Guss, Glasur, Krokant, Puddingfüllung oder Obstbelag mit Tortenguss
Rührteig-, Schüttelteig- und All-in-Teig-Gebäck	verzierte Buttercreme- und Sahnetorten zunächst vorfrieren, dann erst verpacken
Knetteig-Gebäck	Einfrieren ohne Puderzucker-Guss oder Obstbelag ohne Tortenguss
Hefeteig-Gebäck, unglasiert	evtl. abgedeckt im Backofen bei 170 °C und dabei gleichzeitig aufbacken
Brandteig	in der Verpackung bei Zimmertemperatur aufauen lassen und anschließend 5 Minuten bei Backtemperatur aufbacken. Vor dem Füllen erkalten lassen.
Blätterteig	Vorbereiteter, ungebackener Teig im Ganzen oder vorgeformte Teilchen, die im gefrorenen Zustand direkt im Backofen fertig gebacken werden können
Quark-Öl-Teig	Einfrieren ohne Glasur; Gebäck, das nochmals aufgebacken wird, beim ersten Backen nicht zu dunkel werden lassen
Brot/Brötchen	Brot in Scheiben geschnitten einfrieren; Brötchen im Backofen bei 170 °C auftauen
Plätzchen	in Gefrierbeutel oder -dosen verpacken; ungeeignet zum Einfrieren ist Eiweißgebäck

Kuchen löst sich nicht aus der Form

Lassen Sie den Kuchen nach dem Backen zuerst etwa 10 Minuten auf dem Kuchenrost in der Form stehen. Dann stürzen Sie ihn auf einen mit Backpapier belegten Kuchenrost. Sollte sich der Kuchen dennoch nicht lösen, bedecken Sie die Form einige Minuten mit einem feuchten Geschirrtuch. Am besten streuen Sie Backformen nach dem Einfetten mit Semmelbröseln, Mehl oder gemahlenen Nüssen aus.

Kuchen mit schiefer Oberfläche ⚠

Kuchen mit schiefer Oberfläche schneiden Sie am besten gerade, drehen den Kuchen um und überziehen ihn mit Glasur oder Kuvertüre.

Kuchen, verbrannt ⚠

Ist Ihnen der Rührkuchen beim Backen zu dunkel geworden, können Sie die verbrannten Stellen mit einer Küchenreibe vorsichtig abraspeln. Danach bestreichen Sie den Kuchen mit heißer Aprikosenkonfitüre (➲ Aprikotieren von Kuchen und Torten) und überziehen ihn zum Schluss mit einem dunklen Schokoladenguss.
Ist der Rand bei einem Kuchen aus der Springform verbrannt, können Sie den Rand mithilfe eines Tortenrings aus Metall einfach entfernen: Stellen Sie den Tortenring etwas kleiner ein als der Kuchen groß ist. Setzen Sie den Ring mittig auf, drücken Sie ihn herunter und trennen Sie so den verbrannten Rand ab.

Kuchen, zu süß ⚠

Ist Ihnen der Kuchenteig zu süß geraten, geben Sie 1 Teelöffel Zitronensaft oder einen Schuss Apfelessig hinzu. Das nimmt die Süße und gibt dem Kuchen zusätzlich ein fruchtig-frisches Aroma.

Kuchen, zu trocken ⚠

Sollte Ihr Rührkuchen zu trocken geworden sein, können Sie sich schnell behelfen: Stechen Sie mit einem Schaschlikspieß dicht an dicht Löcher in die Oberfläche. Anschließend tränken Sie den Kuchen mithilfe eines Esslöffels zum Beispiel mit Fruchtsaft oder Likör. So wird er schön saftig.

Kuvertüre temperieren

Hacken Sie die Kuvertüre zunächst in grobe Stücke.

Schmelzen Sie danach erst einmal ein Drittel der Kuvertürestücke unter mehrmaligem Rühren im Wasserbad. Das Wasser sollte dabei etwa 40 °C warm sein.

Sobald die Kuvertüre geschmolzen ist, geben Sie die restlichen Kuvertürestücke hinzu. Verrühren Sie alles so lange, bis eine breiähnliche Konsistenz entstanden ist.

Erwärmen Sie den Kuvertürebrei unter Rühren leicht im Wasserbad. Achten Sie darauf, dass kein Wasser in die Kuvertüre gerät, sie krümelt sonst und kann nicht verwendet werden.

Lagerung im Kühlschrank

Schnell verderbliche Lebensmittel halten sich im Kühlschrank (bei Temperaturen zwischen +2 °C und +8 °C) länger als bei Zimmertemperatur. Lagern Sie die Lebensmittel möglichst bald nach dem Einkauf in geeigneten Verpackungen im Kühlschrank. Decken Sie alle Speisen gut ab, damit sie nicht austrocknen und keine Gerüche auf andere Speisen übertragen. Lassen Sie gegarte Speisen abkühlen, ehe Sie sie in den Kühlschrank stellen. Das spart Energie und verhindert eine zu hohe Luftfeuchtigkeit.

Oben: gegarte Speisen, gegartes Gemüse und Käse (Schimmelkäse getrennt von anderen Käsesorten, damit sich der Schimmel nicht überträgt)

Mitte: Milchprodukte

Unten: leicht verderbliche Lebensmittel wie frischer Fisch, frisches Fleisch, Gehacktes (nur 1 Tag!), Schinken, Wurst usw.

Gemüsefach:
Obst, Gemüse und Salat

In der Tür oben:
Eier, Butter usw.

In der Tür Mitte: (Salat-)Saucen, Ketchup, Senf, Sojasauce, Oliven im Glas, Pesto im Glas, Konfitüren, Tuben, hochwertige Öle, Kondensmilch (***Wichtig:*** Lebensmittel aus Konservendosen nach dem Öffnen immer in andere Gefäße umfüllen!)

In der Tür unten:
Getränke wie Frischmilch, Säfte, Wein

Lammfleisch

Lammfleisch ist das hell- bis ziegelrote Fleisch von Tieren bis zu 1 Jahr mit beinahe weißem Fett. Das Fleisch ist zart, mager und feinfaserig.
Schaffleisch ist das dunkelrote, grobfaserige, meist marmorierte Fleisch von Tieren über 1 Jahr.

Zum Kurzbraten und Grillen eignen sich:
Kotelett, Scheiben von der Keule.

Zum Braten eignen sich:
Keule und Rücken (Kotelett).

Zum Schmoren eignen sich:
Hals, Brust, Schulter (Bug), Haxe.

Zum Kochen eignen sich:
Hals, Brust, Schulter (Bug), Haxe.

Teilstücke vom Lamm

Es gibt verschiedene Schnittführungen beim Zerteilen des Fleisches und regional unterschiedliche Bezeichnungen für die einzelnen Fleischteile.

Nacken (Hals, Kamm): Das saftige, kurzfaserige Stück ist mit Fett durchzogen. Es ist gut geeignet für Gulasch, Ragouts, Eintöpfe und Schmorbraten.

Kotelettstück: Das Fleischstück ist ein Teil des Rückens. Es wird als Kotelett zum Grillen oder Braten verwendet oder als Lammkrone im Ganzen gebraten.

Haxe: Eignet sich im Ganzen oder in Scheiben zum Braten oder Schmoren.

Schulter (Bug): Das Stück ist leicht mit Sehnen durchsetzt, dabei zart und saftig. Es eignet sich zum Braten, Schmoren und für Ragouts.

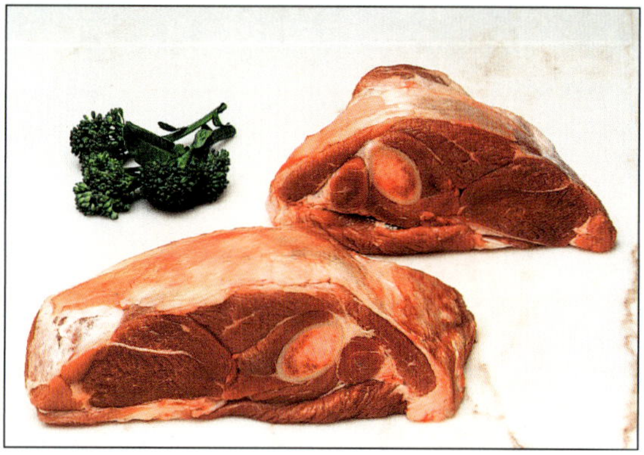

Keule (Schlegel): Das Fleischstück ist relativ mager, sehr zart und saftig. Es ist von hoher Qualität und etwas teurer.

Doppelrücken (Sattel): Das Fleischstück ist saftig und wird häufig zu Koteletts verarbeitet. Doppelkoteletts werden auch als Chops bezeichnet.

Lammkeule spicken

Lammkeulen werden besonders aromatisch, wenn man sie mit Knoblauch und gehackten Kräutern spickt. Dazu die Haut der Lammkeule mit einem spitzen, scharfen Messer 10–12-mal an mehreren Stellen einstechen und die Einstiche mit den Fingern etwas ausweiten.

Knoblauch, ganzen Rosmarin oder Rosmarinspitzen und etwa 1 Teelöffel Salz auf der Lammkeule verteilen und alles gut einreiben.

Knoblauch und Rosmarin in die Einstiche drücken, bis alles gleichmäßig verteilt ist. Mit Pfeffer würzen.

Die Lammkeule dick mit Marinade (zum Beispiel aus Senf, Honig und Olivenöl) bestreichen.

Lasagne klebt in der Auflaufform fest

Damit die erste Schicht Lasagneplatten nicht in der Auflaufform festklebt, bestreichen Sie den Boden der Auflaufform immer zuerst mit etwas Sauce. Erst dann legen Sie die erste Nudelschicht darauf.

Lauch

➲ Porree

Lebkuchen aufbewahren

➲ Plätzchen aufbewahren

Lassen Sie den Lebkuchen vor dem Verpacken vollständig erkalten. Anschließend bewahren Sie ihn so lange in einer Dose mit lose aufgelegtem Deckel auf, bis er die gewünschte Konsistenz hat. Das dauert etwa 1 Woche. Danach verschließen Sie die Dose fest. Die weiche Konsistenz des Lebkuchens bleibt erhalten, wenn Sie ein Stück ungespritzte Mandarinen- oder Orangenschale, eine Apfelhälfte oder eine Scheibe Brot neben das Gebäck legen. Wichtig ist allerdings, dass Sie die Früchte bzw. das Brot alle paar Tage austauschen, da es sonst zu Schimmelbildung kommen kann.

Bewahren Sie Leb- und Honigkuchen immer getrennt von anderen Sorten auf. Durch die Gewürze könnten andere Plätzchen sonst ihr Aroma annehmen.

Liebstöckel (Maggikraut)

➲ Kräuterkunde – was passt wozu?

Limette

Kernlose Limetten oder Zitronen lassen sich effektvoll als Dekoration einsetzen. Für eine Zitrus-Acht die Frucht einfach in dünne Scheiben schneiden. Dann die Scheiben bis zur Mitte hin einschneiden und gegeneinander verdrehen.

Linsen, besser verträglich ⚠

➲ Hülsenfrüchte

Zur besseren Verträglichkeit von Linsengerichten können Sie zusätzlich zum Suppengrün etwas klein gewürfelten, frischen Ingwer in das Gericht geben.

Linseneintopf ⚠

Geben sie den Essig immer erst nach dem Kochen in den Eintopf! Der Essig würde sonst den Garvorgang stoppen und die Linsen würden hart bleiben.

Litschi ⓘ

Frische Litschis werden bei uns hauptsächlich in den Wintermonaten angeboten. Litschis reifen nicht nach; kaufen sie daher nur reife Früchte und verbrauchen Sie sie bald: Frisch schmecken Litschis nämlich am besten und bei längerer Lagerung gehen auch wertvolle Vitamine verloren. Das säuerliche Aroma der Litschi harmoniert mit süßen Zutaten und passt auch gut zu Gerichten mit Fleisch, Fisch, Geflügel oder Reis.

Löffelmengen ⓘ

Die Löffelmengen sind Zirkamaße, da Löffelgröße und -form unterschiedlich sind. Die Angaben beziehen sich immer auf 1 gestrichenen Ess- bzw. Teelöffel.

Lebensmittel	EL	TL	Lebensmittel	EL	TL
Flüssigkeit	12 ml	5 ml	Paprikapulver	6 g	2 g
Backpulver	9 g	3 g	Puderzucker	4 g	3 g
Crème fraîche	10 g	5 g	Reis	10 g	5 g
Gelatine, gemahlen	8 g	3 g	Salatmayonnaise	10 g	5 g
Grieß	8 g	3 g	Salz	13 g	5 g
Haferflocken	7 g	2 g	Saure Sahne (10 % Fett)	10 g	6 g
Haselnusskerne, gem.	5 g	2 g	Schlagsahne (20 % Fett)	10 g	5 g
Honig	15 g	6 g	Schwarzer Tee	4 g	2 g
Joghurt (3,5 % Fett)	10 g	6 g	Semmelbrösel	6 g	3 g
Käse, gerieben	5 g	3 g	Senf	10 g	3 g
Kaffee, gemahlen	4 g	2 g	Speiseöl	10 g	4 g
Kakaopulver	5 g	2 g	Speisestärke	7 g	3 g
Kondensmilch	14 g	6 g	Tomatenketchup	12 g	5 g
Mandeln, gemahlen	5 g	3 g	Tomatenmark	12 g	5 g
Margarine	10 g	4 g	Zimt, gemahlen	4 g	2 g
Mehl (Type 405)	7 g	3 g	Zucker	10 g	5 g

Lollo rossa, Lollo bionda ⓘ

Lollo rossa oder Lollo bionda bilden keine geschlossenen Köpfe, sondern kompakte Blattrosetten und gehören daher zur Gruppe der Schnitt- und Pflücksalate. Die knackigen und stark gekrausten hellgrünen Blätter mit dunkelrotem (Lollo rossa) bzw. gelbgrünem (Lollo bionda) Rand schmecken leicht bitter und nussig.

Lorbeer

➲ Kräuterkunde – was passt wozu?

Lotuswurzel ⓘ

Die Lotuswurzel stammt aus China. Ihr weißes, faseriges und festes Fruchtfleisch schmeckt mild und leicht süßlich und enthält Vitamin C. Man kann sie roh in Salaten und gekocht in Schmorgerichten und Gebratenem verwenden. Das Gemüse gibt es in asiatischen Lebensmittelgeschäften als Konserve, frisch oder getrocknet. Die stärkereichen Samen werden roh oder geröstet gegessen oder zu Mehl (glutenfrei) verarbeitet.

Löwenzahn ⓘ

Die verschiedenen Teile des Löwenzahns (Blätter, Wurzeln, Knospen, Blüten) werden als Salat, Gemüse, Kapern-Ersatz, Saft, Wein, Kaffee-Ersatz, Färbemittel sowie in der Pharmaindustrie verwendet. Löwenzahn hat schmale, gezähnte Blätter mit würzigem, bitterem Geschmack. Aus Kulturanbau schmeckt er milder als wild wachsend. Wilder Löwenzahn sollte vor der Weiterverarbeitung etwa 10 Minuten gewässert werden, damit die Bitterstoffe entzogen werden.

Luftlöcher im Rührkuchen ⚠

Unregelmäßig verteilte Luftlöcher entstehen, wenn bei der Teigzubereitung während oder nach der Mehl-Backpulver-Zugabe zu stark gerührt wird. Luftlöcher können vermieden werden, wenn das Mehl-Gemisch in 2 Portionen nur ganz kurz untergerührt wird.

Majoran

➲ Kräuterkunde – was passt wozu?

Makronen ⓘ

Makronen dürfen nicht zu stark ausgebacken werden. Wenn Sie vom Backblech genommen werden, müssen sie sich an der Unterseite noch weich und feucht anfühlen. Während des Auskühlens auf dem Kuchenrost trocknen die Makronen ausreichend nach. Sie behalten ihre äußere Knusprigkeit in fest verschlossenen Dosen.

Mandeln enthäuten

Mandeln zum Enthäuten zunächst in kochendes Wasser geben und kurz aufkochen lassen. Anschließend die Mandeln in ein Sieb geben und mit kaltem Wasser abspülen. Die Mandeln aus den Häutchen drücken und trocknen lassen.

Mango, Reifetest ⓘ

Ob die Frucht reif ist, können Sie leicht prüfen: Die Schale einer reifen Mango gibt auf Daumendruck leicht nach.

Mangold ⓘ

Mangold sollte in Edelstahltöpfen zubereitet werden, da die Blätter sonst oxidieren und sich verfärben. Mangold immer gründlich waschen, da sich gelegentlich Schnecken zwischen den Blättern finden.

Maracuja

➲ Passionsfrucht

Marinieren

... bezeichnet das Einlegen (Beizen) in eine aromatisierte Flüssigkeit. Das verleiht Geschmack, verlängert die Haltbarkeit und macht Fleisch, Wild, Fisch und Gemüse zarter.

Marinieren im Gefrierbeutel

Fleisch oder Gemüse lässt sich besonders praktisch im Gefrierbeutel marinieren. Dazu die Zutaten mit der Marinade in einen Gefrierbeutel geben und fest verschließen. Den Beutel dann ab und zu wenden und leicht kneten, damit das Mariniergut gleichmäßig „umspült" wird. So kann das Marinierte auch gut im Kühlschrank gelagert oder transportiert werden, zum Beispiel zu einem Grillfest.

Marzipan-Rohmasse, hart und trocken

Harte und trockene Marzipan-Rohmasse können Sie auf einer Küchenreibe fein reiben. So lässt sie sich im Kuchen- oder Plätzchenteig wieder problemlos weiterverarbeiten.
Hart gewordene Marzipan-Rohmasse wird wieder geschmeidig, wenn Sie einige Tropfen Mandelöl oder Rosenwasser (aus der Apotheke) unterkneten.

Mayonnaise, geronnen

Mayonnaise gerinnt, wenn das Öl zu schnell zum Ei gegossen wird. Damit die Mayonnaise nicht ausflockt, sollten alle Zutaten etwa gleich warm sein.
Sollte die Mayonnaise geronnen sein, verrühren Sie nochmals 1 Eigelb mit Essig oder Zitronensaft und rühren die geronnene Mayonnaise nach und nach unter.
Sie können auch etwas Senf oder einen Eiswürfel unterrühren und die Mayonnaise so noch retten.

Mayonnaise, selbst gemacht ⓘ

Mayonnaise lässt sich aus Eigelb, Essig oder Zitronensaft, Salz, Zucker, Speiseöl und Senf leicht selbst herstellen. Verwenden Sie immer nur ganz frische Eier, die nicht älter als 5 Tage sind (Legedatum beachten!). Die fertige Mayonnaise im Kühlschrank aufbewahren und innerhalb von 24 Stunden verzehren.
Nehmen Sie am besten ein geschmacksneutrales Öl, zum Beispiel Sonnenblumenöl.

Mayonnaise, zu dünn ⚠

Ist die Mayonnaise zu dünnflüssig geworden, geben Sie langsam unter Rühren etwas mehr Öl hinzu. Sollte es auf diese Weise nicht gelingen, die Mayonnaise fest zu bekommen, stellen Sie eine neue Mayonnaise her und geben die flüssige Mayonnaise ganz langsam löffelweise hinzu.

Mehl aufbewahren ⓘ

Bewahren Sie Mehl immer gut verschlossen an einem kühlen und trockenen Ort auf. Da Mehl fremde Gerüche annimmt, sollten Sie es getrennt von stark riechenden Gewürzen, Kräutern und anderen geruchsintensiven Lebensmitteln lagern.

Mehl sieben ⓘ

Heute ist es normalerweise nicht mehr nötig, Weizenmehl, Backpulver, Speisestärke und/oder Kakaopulver zu sieben. Vollkornmehl wird ohnehin grundsätzlich nicht gesiebt.

Mehlsorten

Mehl wird aus verschiedenen Getreidesorten gewonnen und in verschiedenen Mehltypen und Feinheitsgraden im Handel angeboten:

Weizenmehl Type 405 ist sehr fein und das klassische Haushalts- und Kuchenmehl. Beim Backen liegen Sie damit immer richtig.

Weizenmehl Type 550 eignet sich gut für lockere, gut aufgehende Teige, wie zum Beispiel Hefeteige. Neben Kuchen und Gebäck gelingen auch helle Brotsorten und Brötchen besonders gut.

Weizenmehl Type 1050 ist merklich dunkler. Es ist intensiver im Geschmack und eignet sich gut für herzhaftes Backen und Brote.

Weizenvollkornmehl enthält alle hochwertigen Bestandteile des ganzen Korns, wird aber mehlfein vermahlen. Es lässt sich auch gut mit hellen Mehlen mischen – das erhöht die Backfähigkeit.

Dinkelmehl wird auch als Urweizen bezeichnet und wie Weizenmehl verarbeitet, da es ähnliche Backeigenschaften hat. Zum Backen eignet sich die Type 630 am besten.

Roggenmehl Type 1150 findet hauptsächlich beim Brotbacken Verwendung. Aber auch als Mischung von Weizen- und Roggenmehl lassen sich geschmacklich interessante Ergebnisse erzielen.

Vollkornmehle sind nicht für alle Gebäcke geeignet und können auch nicht ohne Weiteres im Rezept das Weißmehl ersetzen. Vollkornmehle brauchen mehr Flüssigkeit und ihre Backfähigkeit ist geringer. Ihr Backwerk könnte dadurch zu trocken und fest werden.

Mengenangaben, Flüssigkeiten

1000 ml	=	1 l
750 ml	=	¾ l
500 ml	=	½ l
375 ml	=	⅜ l
100 ml	=	1 dl = etwa 8 EL
10 ml	=	1 cl
12 ml	=	1 EL
5 ml	=	1 TL

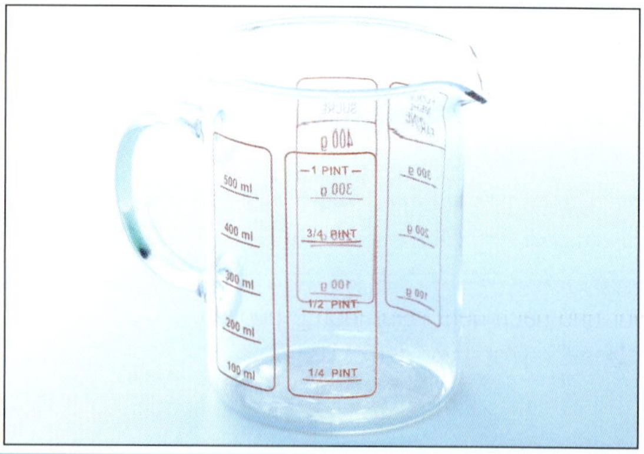

Mengenangaben, Gewichte

1000 g	=	1 kg
750 g	=	¾ kg
500 g	=	½ kg
375 g	=	⅜ kg
250 g	=	¼ kg
125 g	=	⅛ kg

Milch brennt nicht an

Bevor Sie Milch in einem Topf zum Kochen bringen, spülen sie ihn mit kaltem Wasser aus. Das Wasser verhindert das Anbrennen der Milch.

Milch kocht nicht über

... wenn Sie den Topfrand mit etwas Butter bestreichen.

Milchreis

Milchreis lässt sich energiesparend zubereiten, indem Sie ihn ohne Deckel in kalter Milch aufsetzen, zum Kochen bringen und etwa 3 Minuten kochen lassen. Danach nehmen Sie den Topf vom Herd, wickeln ihn in eine Decke und lassen den Reis etwa 60 Minuten ausquellen.

Minze

➲ Kräuterkunde – was passt wozu?

Mohn mahlen

Da Mohn sehr fetthaltig ist und schnell ranzig wird, sollten Sie ihn erst kurz vor dem Gebrauch mahlen. Kleine Mengen Mohn lassen sich im Blitzhacker oder einer speziellen Mühle (Reformhaus) fein mahlen. Reinigen Sie sowohl den Blitzhacker als auch die Mühle vor und nach dem Gebrauch gründlich.
Wenn Sie Mohn vor dem Mahlen in einer fettfreien Pfanne etwas anrösten, bekommt er ein intensiveres Aroma.

Möhren vorbereiten

Möhren zunächst vom Grün befreien, putzen und mit einem Sparschäler schälen. Anschließend abspülen und abtropfen lassen. Die Möhren können je nach Zubereitung in Streifen, Stifte, Würfel oder Scheiben geschnitten oder auf einer Haushaltsreibe fein geraspelt werden.

Möhren welken schneller

... wenn Sie das Grün nicht entfernen. Denn das Grün entzieht den Möhren Feuchtigkeit. Entfernen Sie das Grün deshalb sofort nach dem Einkaufen. So bleiben Möhren länger frisch.

Muscheln

Kaufen Sie nur Muscheln mit fest geschlossener Schale. Rohe, bereits geöffnete Muscheln sind verdorben. Beim Kochen müssen sich die Muscheln öffnen. Gekochte, geschlossene Muscheln sind ebenfalls verdorben und ungenießbar. Muscheln vor der Zubereitung gründlich unter fließendem kalten Wasser abbürsten.

Muskatnuss richtig verwenden

➲ Gewürzkunde

Reiben Sie Muskatnuss erst am Ende der Kochzeit frisch über das Gericht. Dosieren Sie Muskatnuss sparsam, denn nur ein Hauch zu viel lässt das warme Aroma ins Bittere kippen. Etwas feiner im Geschmack ist Macis, die Muskatblüte.
Ganze Muskatnüsse lassen sich im Dunkeln und gut verpackt 2–3 Jahre lagern.

Natron – ein universeller Küchenhelfer

Wenn Sie dem Kochwasser etwas Natron (Haus-Natron) beigeben, behalten Erbsen und andere grüne Gemüsesorten ihr frisches Grün.
Mit 1 Prise Natron lässt sich Eiweiß schneller zu Schnee schlagen.
Unangenehmen Kohlgeruch können Sie verringern, indem Sie dem Kochwasser etwas Natron zufügen.
Natron wird in amerikanischen Gebäcken als Triebmittel verwendet.
Natron macht das Wasser weich. Geben Sie 1 Messerspitze Natron ins Kaffee- oder Teewasser.
Natron bindet die überschüssige Fruchtsäure stark saurer Früchte, zum Beispiel von Johannisbeeren oder Rhabarber. ¼ Teelöffel Natron verleiht 500 g Früchten einen milderen Geschmack. Außerdem sparen Sie Zucker.
Natron entspannt den Magen. Trinken Sie nach schwer verdaulichen Mahlzeiten ein mit 1 Teelöffel Natron gemischtes Glas Wasser.
1 Messerspitze Natron verkürzt die Kochzeit von Hülsenfrüchten. Zudem werden Eintöpfe aus Hülsenfrüchten bekömmlicher.

Niedertemperaturgaren (mit der 80 °C-Methode)

Niedertemperaturgaren ist das Garen im Backofen bei einer Temperatur von 80 °C (Ober-/Unterhitze). Dabei wird das Fleischstück nach dem Anbraten in den vorgeheizten Backofen gegeben und je nach Fleischdicke bis zu mehrere Stunden gegart. Bei dieser Garmethode trocknen die Bratenstücke nicht aus, sondern sind zarter und haben eine rosa Farbe. Wichtig ist es, die Backofentemperatur mit einem Ofenthermometer zu kontrollieren und wenn nötig nachzuregeln.

Nudeln energiesparend kochen

Das Wasser für die Nudeln mit dem Wasserkocher statt auf dem Herd zum Kochen bringen. Das geht schneller und spart Energiekosten. Den Herd schalten Sie erst kurz, bevor das Wasser im Kocher siedet, ein.

Nudeln kleben aneinander

Geben Sie nach dem Kochen einen Schuss Olivenöl zu den abgegossenen Nudeln – schon kleben die Nudeln nach dem Kochen nicht mehr zusammen. Außerdem schmecken sie angenehm nach Olive.

Nudeln kochen

Kochen Sie Nudeln immer in einem großen Topf und in reichlich Salzwasser (für 100 g Nudeln wird 1 l Wasser berechnet). Ist die Wassermenge zu gering, kleben die Nudeln aneinander. Achten Sie auf einen ausreichend großen Topf.
Geben Sie Nudeln immer in bereits kochendes Wasser und fügen sie anschließend das Salz hinzu.

Nudeln verfeinern

Nudeln schmecken intensiver, wenn sie in Fleisch- oder Gemüsebrühe gegart werden. Mehr Geschmack bekommen Nudeln auch, wenn sie vor dem Servieren in heißer Butter oder in Olivenöl geschwenkt werden. Einen herzhaften Geschmack erhalten Nudeln, wenn Sie 1 Lorbeerblatt mitkochen.

Nudelteig ausrollen

Selbst gemachter Nudelteig für Maultaschen oder Bandnudeln lässt sich leichter ausrollen und klebt auch nicht an den Händen und Geräten, wenn Sie ihn mindestens 1 Stunde vor dem Verarbeiten ruhen lassen, damit das Mehl ausquellen kann.

Nudelteig färben

Selbst gemachten Nudelteig können Sie mit Safran, Rote-Bete-Saft, Tomatenmark, fein gehackten Kräutern oder püriertem Spinat bunt einfärben.

Nüsse enthäuten

Heizen Sie den Backofen auf 180 °C Ober-/Unterhitze vor. Verteilen Sie die Haselnusskerne auf einem mit Backpapier belegten Backblech. Schieben Sie das Backblech auf mittlerer Einschubhöhe in den vorgeheizten Backofen und erhitzen Sie die Nusskerne etwa 20 Minuten. Geben Sie die heißen Haselnusskerne anschließend in ein sauberes Küchenhandtuch und reiben Sie die Häutchen in kreisenden Bewegungen von den Haselnusskernen ab.

Nüsse hacken

Nüssen springen beim Hacken nicht so leicht vom Brett, wenn Sie sie vorher mit etwas Zucker bestreuen.

Nüsse lagern

Füllen Sie übrig gebliebene Nüsse stets in fest verschließbare Behälter oder schweißen Sie sie in Folie ein, damit das Aroma erhalten bleibt.

Nüsse rösten

Nüsse, Mandeln und andere Ölsaaten wie zum Beispiel Sonnenblumen-, Pinien- oder Kürbiskerne bekommen ein intensives Aroma, wenn Sie sie rösten, bevor sie unter die Speisen gemischt werden.
Geben Sie ganze, gehackte oder gemahlene Nüsse in eine Pfanne ohne Fett, rösten Sie sie unter Rühren leicht und lassen Sie sie danach auf einem Teller erkalten.
Das Rösten funktioniert auch im Backofen: Geben Sie die Nüsse auf ein mit Backpapier belegtes Backblech und lassen Sie sie bei 200 °C 10–15 Minuten (je nach Menge) rösten. Die Nüsse dabei zwischendurch wenden.

Obstboden, durchgeweichter

Das Durchweichen von Obstböden lässt sich ganz leicht verhindern: Zunächst ist es wichtig, Obst aus der Dose gut abtropfen zu lassen bzw. frisches Obst nach dem Waschen sehr gut mit Küchenpapier trocken zu tupfen.
Darüber hinaus verhindert eine Trennschicht zwischen Obst und Boden das Durchweichen. Dafür einen Pudding zubereiten und den Obstboden vor dem Belegen damit bestreichen.
Sie können stattdessen auch Schokolade oder Kuvertüre bei schwacher Hitze im Wasserbad schmelzen und den Tortenboden dünn damit bestreichen.
Wenn es ganz schnell gehen soll, bestreuen Sie den Tortenboden mit 1 Päckchen Dr. Oetker Sahnesteif.

Obstsalat

Geben Sie zuerst frisch gepressten Grapefruit- oder Orangensaft oder saftziehende Früchte wie Trauben, Melonen oder Erdbeeren in die Schüssel. Anschließend mischen Sie die vorbereiteten frischen Früchte unter. Der Saft ist wichtig, damit empfindliche Früchte – zum Beispiel Bananen oder Äpfel – nicht braun werden.

Öl zum Kochen und Braten

Zum Braten benötigen Sie Öl, das stark erhitzt werden kann. Dazu eignet sich Olivenöl, aber auch andere Pflanzenöle wie zum Beispiel Sonnenblumen- oder Maiskeimöl sind dafür hervorragend zu gebrauchen; diese sollten aber nicht kaltgepresst sein. Hochwertige, kaltgepresste Öle eignen sich für Salate. Sie haben einen hohen Gehalt an ungesättigten Fettsäuren und fettlöslichen Vitaminen.

Oliven aus dem Glas, angebrochen

Legen Sie 1 Bio-Zitronenscheibe über die Oliven in einem angebrochen Glas. Das hält die Oliven frisch. Das Glas bewahren Sie im Kühlschrank auf.

Olivenöl, ausgeflocktes

Wenn Sie Olivenöl im Kühlschrank aufbewahren, flockt es leicht aus: Es bilden sich weißlich schimmernde Wölkchen im Inneren der Flasche. Das ist aber nicht schlimm, sondern zeugt von der Naturbelassenheit Ihres Öls. Lassen Sie es dann bei Zimmertemperatur stehen, wird es in der Regel wieder klar.

Olivenöl, Sorten

Beim Olivenöl unterscheidet man die Güteklassen: Natives Olivenöl extra, Natives Olivenöl, Olivenöl und Oliventresteröl. Kaltgepresst (nativ) ist die Bezeichnung für Öle, die ohne Zufuhr von Wärme, unter möglichst schonenden Bedingungen gewonnen werden. Olivenöle gibt es von mild bis kräftig, abhängig von Herkunftsgegend und Pressverfahren. Native Olivenöle sind besonders zum Rohverzehr, d. h. für Salate geeignet.

Orangen filetieren

Mit ein bisschen Übung geht das Filetieren, auch Filieren genannt, schnell von der Hand. Je schärfer das Messer, desto besser funktioniert es. Zunächst die Schale so dick abschälen, dass auch die weiße Haut ganz mitentfernt wird.

Dann die Fruchtfilets zwischen den Häutchen herausschneiden.

Orangen schälen

Manche Orangensorten lassen sich schlecht schälen. Tauchen Sie sie kurz in kochendes Wasser, dann löst sich die Schale fast problemlos.

Österreichische Bezeichnungen

Deutschland	Österreich	Deutschland	Österreich
Aprikose	Marille	Käsekuchen	Topfenkuchen
Aubergine	Melanzane	kleine Nudelstücke	Fleckerl
Backe (Schwein)	Göderl	Klößchen	Nockerl
Backobst	Dörrobst	Klöße	Knödel
Backpflaume	Dörrzwetschke	Kochschinken	Pressschinken
Baiser	Meringe	Kopfsalat	Häuptlsalat
Berliner	Faschingskrapfen	Löffelbiskuit	Biskotte
Blatt	Schulter	Mais	Kukuruz
Blätterteig	Butterteig	Makrone	Busserl
Blumenkohl	Karfiol	marinieren	beizen
Blutwurst	Blunze	Marone (Pilz)	Maronenröhrling
Bohnen	Fissolen	Meerrettich	Kren
braten (Pfanne)	backen	Möhre, Mohrrübe	Karotte, Gelbe Rübe
braune Mehlschwitze	Einbrenne	Pfannkuchen	Palatschinken, Flädle
Brötchen	Semmel	Pfifferling	Eierschwammerl
Brühe	klare Suppe	Pflaumenmus	Powidl
Buchweizenmehl	Heidenmehl	Pilz	Schwammerl
Eigelb	Eidotter	Piment	Neugewürz
Eiweiß	Eiklar	Plätzchen	Keks, Busserl
Esskastanie	Marone	Peperoni	Pfefferoni
Feldsalat	Vogerlsalat	Porree	Lauch
Fleischwurst	Extrawurst	Poularde	Junghuhn
Flugente	Wildente	Puderzucker	Staubzucker
Frikadelle	faschiertes Laibchen	Quark	Topfen
gedünstetes Obst/Kompott	Röster	Quarktasche	Topfenkolatsche
		Rosenkohl	Kohlsprossen
Gehacktes	Faschiertes	Rote Bete	Rote Rübe
Geräuchertes	Geselchtes	Rotkohl	Rotkraut
Hackbraten	faschierter Braten	Sauerkirsche	Weichsel
Hammelfleisch	Schöpsernes	saure Sahne	Sauerrahm
Haxe	Stelze	Schlagsahne	Obers/Schlagobers
Hefe	Germ	Schmand	Sauerrahm
Hefevorteig	Dampfl	Sellerie	Zeller
Hefezopf	Striezel	Springform	Tortenform
helle Mehlschwitze	Einmach	Steckrübe	Kohlrübe
Holunder	Holler	Steinpilz	Herrenpilz
Hörnchen	Beugel, Kipferl	Tomate	Paradeiser
Hüfte (Rind)	Tafelspitz	Walnüsse	Baumnüsse
Johannisbeere	Ribisel	Weißkohl	Weißkraut
junge Ziege	Kitz	Wels	Waller
Kalbsmilch	Bries	Wirsing	Kohl
Kartoffel	Erdapfel	Zander	Schill

Panieren

➲ Schnitzel panieren

Panieren ohne Ei ⓘ

Kondensmilch oder Zitronensaft ist bei paniertem Fisch oder Fleisch ein hervorragender Ersatz für ein verquirltes Ei.

Papaya ⓘ

Die birnenförmige und bis zu 3 kg schwere Beerenfrucht ist im unreifen Zustand grün, im reifen gelb. Das süßliche Fruchtfleisch wird ohne Schale und Kerne wie Melone zubereitet und verzehrt. Es schmeckt in süßen Gerichten, aber auch zu würzigem Geflügel oder hellem Fleisch. Bereiten Sie keine Milchspeisen mit Papaya zu. Ein darin enthaltenes Enzym lässt die Speise dann bitter schmecken.

Paprikaschoten aushöhlen

Zum Füllen von Paprikaschoten den Deckel abschneiden und die weißen Scheidewände und die Kerne mit einem Löffel entfernen.

Paprikaschoten enthäuten

Paprikaschoten werden bekömmlicher, wenn man sie enthäutet. Dafür die Paprikaschoten halbieren, entstielen, entkernen und die weißen Scheidewände entfernen. Die Schoten waschen, trocken tupfen, längs vierteln und mit der Wölbung nach oben auf ein Backblech legen. So lange unter den vorgeheizten Backofengrill legen, bis die Haut Blasen wirft und schwarz wird. Die Schoten für kurze Zeit mit einem feuchten Geschirrtuch bedecken, dann die Haut abziehen.

Parfait

Als Parfait werden sowohl würzige Pasteten, Terrinen und Sülzen als auch Halbgefrorenes bezeichnet. Die halbgefrorene Speiseeiszubereitung besteht aus aufgeschlagenem Eigelb, Zucker, einer oder mehrerer Geschmackszutaten, die durch Schlagsahne gelockert und mit Alkohol verfeinert werden kann. Parfait wird anders als Eis beim Gefrieren nicht gerührt. Man füllt die Masse in eine Form, lässt sie gefrieren und stürzt sie zum Servieren.

Parieren

Parieren ist das Zurechtschneiden oder Beschneiden von Fleisch, Fisch oder Geflügel. Die nicht essbaren Bestandteile, vor allem Fett, Sehnen, Schalen und Haut werden entfernt.

Parmesan

Damit Parmesan-Käse sein typisches Aroma behält, sollten Sie ihn immer erst kurz vor der Verwendung reiben oder hobeln.

Passieren

Beim Passieren (Durchseihen, Durchschlagen) werden Suppen oder Saucen durch ein Haarsieb, Passiertuch oder Spitzsieb gestrichen, um eine klare Flüssigkeit ohne feste Bestandteile zu erhalten. Man kann auch gekochte Kartoffeln, Gemüse oder Früchte passieren, um ein Püree zu bekommen. Evtl. übrig gebliebene grobe Stücke werden dann aussortiert.

Passionsfrucht

In Europa werden vor allem die Sorten mit violetter oder gelber Schale angeboten. Das geleeartige Fruchtfleisch der aprikosengroßen Passionsfrucht, die auch Maracuja genannt wird, schmeckt süß-säuerlich nach Zitrone. Die darin enthaltenen kleinen Kerne sind essbar, ihre Schale nicht.
Wird die Schale etwas schrumplig, ist die Frucht reif und schmeckt aromatisch. Sie sollte schwer und fest sein. Unreife Früchte reifen bei Zimmertemperatur nach. Reife Früchte können Sie etwa 1 Woche im Kühlschrank aufbewahren.
Die Passionsfrucht wird quer in der Mitte durchgeschnitten. Das Fruchtfleisch kann direkt aus der Schale gelöffelt werden. Oder Sie verfeinern damit Desserts, Cocktails oder Kuchen. Auch das schmeckt wunderbar.

Pellkartoffeln pellen

Pellkartoffeln lassen sich nach dem Kochen wesentlich leichter pellen, wenn man einen Schuss Speiseöl in das Kochwasser gibt. Außerdem sollten sie mit kaltem Wasser abgeschreckt werden und heiß oder lauwarm gepellt werden.

Pellkartoffeln verfeinern

Pellkartoffeln schmecken besonders gut, wenn Sie sie mit getrockneten Kräutern wie Rosmarin, Bohnenkraut oder 1 Prise Kümmel würzen.

Pesto aus dem Glas, angebrochen

Begießen Sie angebrochenes Pesto immer mit einer Schicht Speiseöl und lagern Sie es gut verschlossen im Kühlschrank.

Pfannkuchenteig ohne Klümpchen

Für einen klümpchenfreien Pfannkuchenteig verrühren Sie zunächst die flüssigen Zutaten sehr gründlich miteinander. Danach rühren Sie nach und nach die Zucker-Salz-Mehlmischung unter.
Pfannkuchenteig sollte eine Zeit lang ruhen, bevor er in die Pfanne kommt. In der Ruhephase kann das Mehl quellen und der Teig entwickelt seine perfekte Konsistenz.

Pfannkuchen warm halten

Bereits fertig gebackene Pfannkuchen können Sie im Backofen bei 80 °C (Ober-/Unterhitze) oder 60 °C (Heißluft) warm halten. Bei süßen Pfannkuchen dabei ein wenig Zucker auf die Oberfläche streuen, so kleben die übereinanderliegenden Pfannkuchen nicht zusammen. Pikante Pfannkuchen können Sie stattdessen dünn mit Butter bestreichen.

Pfannkuchen wenden

Pfannkuchen lassen sich mithilfe eines großen, flachen Pfannendeckels unkompliziert wenden:
Den Pfannendeckel evtl. mit einem Topflappen auf die Pfanne legen und so mit der Pfanne umdrehen, dass der Pfannkuchen nun auf dem Deckel liegt.

Die Pfanne zurück auf die Herdplatte stellen, etwas Fett in die Pfanne geben und den Pfannkuchen vom Pfannendeckel wieder in die Pfanne gleiten lassen. Seien Sie beim Pfannkuchenwenden sehr vorsichtig, damit Sie sich nicht mit dem heißen Fett verbrennen.

Pfirsiche, runzelige

Runzelige Pfirsiche einige Zeit in eine Schüssel mit kaltem Wasser legen. Die Früchte werden dann wieder glatt und bleiben saftig.

Physalis

Die orangegelbe Physalis – auch Kapstachelbeere genannt – kann direkt aus ihrem getrockneten Blätterkranz, der sie umgibt, gegessen werden. Der Geschmack ist säuerlich-erfrischend. Wenn Sie Physalis in den Obstsalat geben, können Sie die Haut mit einer feinen Nadel mehrmals einstechen, sodass etwas von der Fruchtsäure in den Salat gelangt. In Scheiben oder Viertel geschnitten, ist die Physalis eine schöne Dekoration.

Pilze aufwärmen?

Früher wurde empfohlen, Reste von Pilzgerichten wegzuwerfen und keinesfalls wieder aufzuwärmen. Man nahm an, aufgewärmte Pilzspeisen könnten giftig sein. Das trifft nicht zu! Reste von Pilzgerichten können Sie problemlos aufwärmen, wenn sie nach der Zubereitung rasch abgekühlt und bei 2–6 °C aufbewahrt wurden. Beim Wiederaufwärmen ist auf eine Mindesttemperatur von 70 °C zu achten.

Pilze kaufen und lagern

Kaufen Sie Pilze möglichst lose ein. Pilze sind frisch, wenn Stiel und Kappe fest miteinander verbunden sind. Nehmen Sie in Folie verpackte Pilze aus der Verpackung und bewahren Sie sie in einer Papiertüte im Kühlschrank auf.

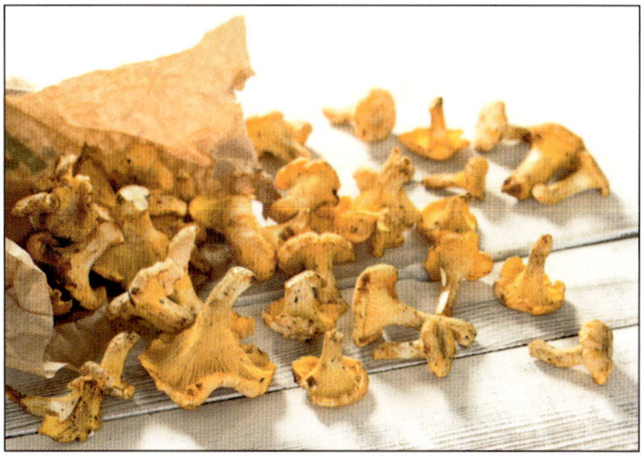

Pilze reinigen

Zuchtpilze sind in der Regel kaum verschmutzt. Da sich Pilze schnell mit Wasser vollsaugen und dadurch ihr Aroma verlieren, ist es am besten, sie nur mit Küchenpapier, einem Pinsel oder einer kleinen Bürste zu reinigen und allenfalls ganz kurz unter fließendes Wasser zu halten. Pilzstiele können Sie problemlos mitverwerten, sofern sie nicht ausgetrocknet sind. Vertrocknete oder verschmutzte Enden sparsam abschneiden. Die Pilzhüte müssen nicht geschält werden.

Piment

➲ Gewürzkunde

Pimpernell, Pimpinelle

➲ Kräuterkunde – was passt wozu?

Plätzchen aufbewahren

➲ Lebkuchen aufbewahren

Lassen Sie Plätzchen vor dem Verpacken vollständig erkalten. Um zu vermeiden, dass sie in der Dose zusammenkleben, können Sie zwischen die einzelnen Lagen Alufolie oder Backpapier legen. Wenn Sie nicht möchten, dass sich die Aromen der Plätzchensorten vermischen, sollten Sie Ihre Plätzchen sortenweise verpacken.

Alle Plätzchen müssen kühl und trocken aufbewahrt werden. Plätzchen, die knusprig bleiben sollen, verpacken Sie direkt in gut schließenden Dosen. Plätzchen, die weich werden sollen, lassen Sie so lange an der Luft stehen, bis sie die gewünschte Beschaffenheit haben. Erst dann sollten Sie die Plätzchen in verschließbare Dosen legen, den Deckel aber nur lose auflegen.

Plätzchen ausstechen

Achten Sie beim Ausstechen darauf, den Platz gut auszunutzen, sodass möglichst wenig Teig zurückbleibt. Durch das erneute Zusammenkneten, Bemehlen und Ausrollen wird der verbleibende Teig immer trockener und brüchiger. Damit der Teig nicht innen an der Ausstechform kleben bleibt, tauchen Sie die Ausstechform gelegentlich in etwas Mehl.

Plätzchen in größeren Mengen backen

Wenn Sie mehrere Partien Plätzchen backen möchten und nur ein Backblech zur Verfügung haben, können Sie sich ganz einfach behelfen: Schneiden Sie mehrere Backpapierstücke in der Größe des Backblechs zu und belegen Sie die Bögen mit den Teigplätzchen. Die belegten Backpapierbögen an der schrägen Seite auf das Backblech ziehen.

Plätzchen mit hohem Fettanteil

Legen Sie Plätzchen mit hohem Fettanteil nur auf kalte Backbleche, damit sie ihre Form behalten und nicht auseinanderlaufen.

Pochieren

Eier werden am häufigsten pochiert. Dafür schlagen Sie die Eier einzeln in einer Kelle auf und geben sie vorsichtig in ein siedendes Wasser-Essig-Gemisch. Die Eier zugedeckt 3–4 Minuten garen. Pochieren eignet sich auch für zartes Fleisch oder Fisch, da es so besonders aromatisch bleibt. Außerdem ist Pochieren eine fettsparende Garmethode.

Pochierte Eier in Form schneiden

Die gegarten Eier mit einem Schaumlöffel herausnehmen, kurz in kaltes Wasser tauchen, abtropfen lassen und die Ränder glatt schneiden. Eier nach Belieben anrichten.

Porree

Porree ist ein Zwiebelgewächs, aber weniger scharf als seine Verwandten und eignet sich gut für Suppen, Gemüse- und Schmorgerichte. Er wird sowohl gedünstet als Gemüse, mit Sauce überbacken oder als pikanter Kuchen serviert. Porree hat feste, hell- bis dunkelgrüne Blattstängel mit kleinem Wurzelansatz. Er ist mineralstoffreich und intensiv würzig. Porreegemüse gewinnt an Geschmack, wenn Sie eine Möhre klein schneiden und mitkochen.

Porree vorbereiten

Porree, auch Lauch genannt, wird zunächst von den äußeren Blättern befreit. Das dunkle Grün – etwa ein Viertel der Stange – wird abgeschnitten. Anschließend die Porreestange längs halbieren.

Den Porree unter fließendem Wasser gründlich waschen; dabei die grüne Seite nach unten halten. Die einzelnen Blätter vorsichtig voneinander abheben, damit das Wasser auch dazwischen kommt und Verschmutzungen weggespült werden.

Für die Weiterverarbeitung wird Porree zumeist in halbe Ringe geschnitten.

Portionsgrößen berechnen – ⓘ so wird jeder satt

Ob allein, als Familie oder mit Gästen – mit der richtigen Menge planen sie auch Ihren Einkauf optimal.

Folgende Zutatenmengen benötigen Sie pro Portion und Mahlzeit:

Vorsuppe:		
	150–250 ml	(fertiges Gericht)
Hauptgerichte:		
Suppe:	375–500 ml	(fertiges Gericht)
Eintöpfe:	500–600 g	(fertiges Gericht)
Fleisch ohne Knochen:	etwa 150 g	(Rohware)
Fleisch mit Knochen:	etwa 200 g	(Rohware)
Fischfilet:	150–200 g	(Rohware)
Fisch, ganz:	200–300 g	(Rohware)
Teigwaren:	100–125 g	(Rohware)
Eier:	1–2 Stück	

Beilagen:		
Sauce:	etwa 100 ml	(fertiges Gericht)
Gemüse:	etwa 200 g	(geputzt)
Salat:	40–50 g	(geputzt)
Kartoffeln:	etwa 200 g	(geschält)
Reis, Hirse, Graupen usw.:	50–75 g	(Rohware)
Teigwaren:	60–80 g	(Rohware, trocken)
Dessert:		
Obstsalat:	150–200 g	(fertiges Gericht)
Pudding:	125–175 g	(fertiges Gericht)
Kompott:	125–175 g	(fertiges Gericht)
Käse:	etwa 100 g	

Pudding brennt nicht an ⚠

... wenn Sie den Boden des Kochtopfs mit etwas Butter bestreichen. Den Pudding nach Packungsanleitung zubereiten und genießen. Und achten Sie darauf, dass der Boden eines Edelstahltopfes frei von Kalkflecken ist, damit nichts anhaften kann.

Pudding mit Ei ⓘ

Für einen Pudding mit Ei verrühren Sie das Eigelb mit dem angerührten Pudding-Pulver und bereiten den Pudding nach Packungsanleitung zu. Wenn Sie Eischnee in den Pudding geben möchten, muss das Eiweiß erst steif geschlagen werden und unter die kochend heiße Pudding-Masse gehoben werden. Achten Sie darauf, das Eiweiß genügend stocken zu lassen, sonst verflüssigt es sich wieder.

Pudding ohne Haut ⚠

Legen Sie zum Abkühlen des Puddings Frischhaltefolie direkt auf die Oberfläche. So bildet sich keine Haut und der Pudding muss zwischendurch nicht umgerührt werden.

Pudding schmeckt seifig ⚠

Verwenden Sie für kalt angerührten Pudding oder andere kalt angerührte Milchdesserts nur pasteurisierte Milch. Rohe Milch enthält das Enzym Lipase, das in kalt gerührten Desserts einen seifigen Geschmack verursacht. Da dieses Enzym durch Erhitzen unwirksam wird, können sie Rohmilch auch kurz aufkochen. Die abgekühlte Milch können Sie dann für das Kaltdessert verwenden.

Pudding stürzen

Wenn gekochter Pudding gestürzt werden soll, kochen Sie ihn nicht nur kurz auf, sondern kochen ihn mindestens 1 Minute lang unter ständigem Rühren durch. Den Pudding dann in eine mit kaltem Wasser ausgespülte Sturzform füllen, abkühlen lassen und mehrere Stunden in den Kühlschrank stellen.
Der Pudding lässt sich besser stürzen, wenn Sie ihn vor dem Stürzen mit einem spitzen Messer vom Formrand lösen und dann vorsichtig mit den Fingern so vom Rand wegziehen, dass zwischen Pudding und Form Luft dringen kann.

Pudding wird nicht fest ⚠

Pudding, der gekocht wird, nach der Zubereitung nicht mehrmals mit demselben Löffel probieren! Im menschlichen Speichel ist Amylase enthalten, ein Enzym, das Stärke zersetzt. Gelangt es in den Pudding, wird er wieder flüssig. Das gilt ebenfalls für andere stärkehaltige Speisen, zum Beispiel für Vanillesauce.

Pudding, zu dünn

Ist Ihr Pudding zu dünn geraten, rühren Sie etwas Speisestärke oder noch etwas von dem entsprechenden Pudding-Pulver mit kalter Milch an. Bringen Sie den Pudding erneut zum Kochen und rühren Sie die Mischung mit einem Schneebesen ein. Den Pudding noch 1–2 Minuten unter ständigem Rühren köcheln lassen.

Puderzucker, klumpig

Klumpiger Puderzucker wird wieder fein, wenn er durch ein Sieb gestrichen wird. Puderzuckerklumpen können auch schnell in der Kaffeemühle fein gemahlen werden.

Puderzucker-Muster für Plätzchen

Plätzchen lassen sich schnell und unkompliziert mit Puderzucker verzieren: Legen Sie einfach einen Kuchenrost auf das Gebäck und bestäuben Sie es dick mit Puderzucker. Danach nehmen Sie den Rost vorsichtig ab. Fertig ist die Puderzucker-Dekoration!

Punsch

Bei der Zubereitung von heißem Punsch darf die Flüssigkeit nicht kochen, denn beim Kochen verflüchtigen sich Alkohol und Aroma.
Wenn der Punsch nicht ganz so alkoholhaltig sein soll, ersetzen Sie einen Teil des Alkohols durch schwarzen Tee oder Früchtetee. Auch alkoholfreier Punsch für Kinder lässt sich gut selbst zubereiten: 1 l Apfelsaft mit ¼ l Holundersaft und einer Zimtstange aufkochen.

Quark als Fettersatz ⓘ

Magerquark ist ein hervorragender Ersatz für Butter oder Margarine. Einen Teil des Fettes können Sie beim Kuchenbacken durch dieselbe Menge Magerquark ersetzen und so Kalorien sparen.

Quark-Öl-Teig ⓘ

Quark-Öl-Teig ist ein einfacher und schnell gemachter Teig. In seiner weichen, elastischen Konsistenz ähnelt er dem Hefeteig und schmeckt frisch am besten. Verwenden Sie hierfür Magerquark. Er macht den Teig luftig und locker. Der Quark muss frisch sein, damit kein säuerlicher Geschmack entsteht.
Das Öl im Teig dürfen Sie nicht durch eine andere Fettsorte ersetzen. Sonst wird die Konsistenz des Teigs beeinträchtigt.

Den Quark-Öl-Teig mit dem Handrührgerät mit Knethaken zu einem Teig verarbeiten. Anschließend verkneten Sie den Quark-Öl-Teig mit den Händen auf der leicht bemehlten Arbeitsfläche.

Falls der Teig noch an den Händen klebt, ist er zu weich. Dann vorsichtig noch etwas Mehl unterkneten. Den Teig aber nicht zu lange kneten, er klebt sonst. Beim Ausrollen des Teiges beachten, dass nicht zu viel Mehl eingearbeitet wird, damit das Gebäck nicht zu trocken wird.

Quark-Öl-Teig-Gebäck aufbewahren

Quark-Öl-Teig-Gebäcke schmecken frisch am besten. Sie können aber auch eingefroren werden. Lassen Sie sie dann bei Zimmertemperatur in der Verpackung auftauen.

Quinoa

Die aus Südamerika stammenden Körner haben einen leicht nussigen Geschmack. Quinoa wird wie Reis zubereitet, jedoch mit der 3-fachen Menge Wasser, und sowohl süß als auch salzig gegessen.
Quinoa enthält kein Gluten, aber Bitterstoffe und sollte daher nicht für Säuglingsnahrung verwendet werden.

Quitte

Die birnenförmige, sehr feste und im Geschmack herbe Frucht entwickelt ihr Aroma erst nach dem Kochen oder Dämpfen. Sie hat ein ausgewogenes Verhältnis von Süße und Säure. Die reifen, zartgelben Früchte müssen je nach Rezept geschält werden. Bleibt die Schale dran, wird der Flaum abgerieben. Das Kerngehäuse kann nicht mitgegessen werden.

Quitten schmecken als Kompott, als Obstbelag auf Kuchen, als Likör oder als Konfekt. Aufgrund ihres hohen Pektingehalts gelieren sie besonders gut und eignen sich zum Kochen von Konfitüren und Gelees. Bei Zimmertemperatur halten sich Quitten bis zu 2 Wochen.

Reibekuchen wenden

Reibekuchen lassen sich leichter wenden, wenn der Rand bereits goldbraun ist.

Reibekuchen zubereiten

Besonders knusprig werden Ihre Reibekuchen, wenn Sie die Hälfte des Mehls durch Haferflocken ersetzen. Tupfen Sie nach dem Braten überschüssiges Fett mit etwas Küchenpapier ab.

Reis anrichten

Füllen Sie den Reis zum Anrichten in eine Suppenkelle, eine gefettete Reisrandform oder eine Tasse. Drücken Sie den Reis leicht an und stürzen Sie ihn anschließend auf einen Teller.

Reis aufwärmen

Füllen Sie eine größere Menge Reis in eine gefettete, hitzebeständige Form, decken Sie den Reis zu und erwärmen Sie ihn im Backofen bei etwa 150 °C.

Reis aus dem Backofen

Reis können Sie auch im Backofen garen. Dazu Reis mit der 1 ½-fachen Menge Flüssigkeit in ein backofengeeignetes Gefäß geben und zugedeckt bei etwa 200 °C 20–30 Minuten garen.

Reis aus der Mikrowelle

Reis können Sie in der Mikrowelle zubereiten. Dafür Reis mit der 1 ½-fachen Menge Flüssigkeit in ein mikrowellengeeignetes Gefäß geben und nicht abgedeckt bei Höchstleistung in 5–10 Minuten ankochen (die Dauer variiert nach Gerät und Leistung). Anschließend den Deckel auflegen und den Reis etwa 20 Minuten bei 100 Watt nachgaren.

Reis, Haltbarkeit

Fertig gegarter Reis kann abgedeckt im Kühlschrank bis zu 3 Tage aufbewahrt werden. Besser ist es aber, Reisreste tiefkühlgerecht verpackt einzufrieren, bei Bedarf im Siebeinsatz über Wasserdampf aufzutauen und zu erwärmen.

Reis, schön körnig

Schön körnig bleibt der gekochte Reis, wenn Sie nach dem Garen zwischen Topf und Deckel ein Tuch legen. Der aufsteigende Dampf wird vom Tuch aufgesaugt, sodass kein Kondenswasser entsteht und ein Übergaren verhindert wird.

Reis, schön weiß

Reis wird strahlend weiß, wenn Sie ins Kochwasser etwas Zitronensäure geben.

Reis – Sorten und Zubereitung ⓘ

Reis ist vitamin- und mineralstoffreich, kalorienarm und sehr leicht verträglich. Für etwa die Hälfte der Erdbevölkerung ist er das wichtigste Grundnahrungsmittel. Im Handel sind unterschiedliche Reissorten erhältlich. Bei der Bezeichnung spielt auch die Art der Verarbeitung eine Rolle:

Brauner Naturreis:

Die Sorte hat eine bräunliche Farbe und besitzt noch das zarte Silberhäutchen und den Keimling, in dem wichtige Vitamine und Mineralstoffe enthalten sind. Da Naturreis schneller ranzig wird, sollte er schnell verarbeitet und nicht lange gelagert werden. Seine Garzeit ist länger als die von geschliffenen Sorten.

Weißer Reis:

Wird die Silberhaut entfernt, entsteht der weiße Reis (polierter Reis). Die Reiskörner werden gereinigt, poliert und glasiert. Weißer Reis enthält weniger Vitamine als Naturreis. Da die Fettsäuren entfernt wurden, kann er aber gut gelagert werden.

Langkornreis, Patnareis:

Langkornreis wird bei uns sehr häufig verwendet. Die langen, schlanken Körner sehen im Rohzustand leicht glasig aus. Es handelt sich um eine festkochende Sorte, die für alle pikanten Reisgerichte besonders gut geeignet ist. Diese Sorte ist geschliffen und poliert.

Duftreis:

Duftreis wird gerne für Wokgerichte verwendet. Er entfaltet beim Garen einen typischen Blumenduft und ist sehr aromatisch. Dieser Langkornreis klebt leicht.

Basmati-Reis:

Basmati-Reis gehört zu den Langkornreissorten. Der sehr aromatische Reis ist nach dem Kochen körnig und duftet.

Rundkornreis, Milchreis:

Beim Ausquellen gibt Rundkornreis viel Stärke ab und wird sehr weich und breiig. Rundkornreis wird fast ausschließlich für die Zubereitung von Süßspeisen – zum Beispiel Milchreis – verwendet.

Klebreis

Bei dieser stark glutenhaltigen Reissorte verkleben die Reiskörner beim Kochen vollständig miteinander, noch stärker als beim Milchreis. Klebreis ist leicht an den mattweißen Körnern zu erkennen. Die Körner sind im Gegensatz zu vielen anderen Reissorten nicht glasig. Klebreis gehört in Laos zu den Hauptnahrungsmitteln. In Thailand wird er für die Zubereitung von Süßspeisen verwendet und In China und Japan wird Klebreis zu Klößen verarbeitet.

Parboiled Reis:

Bei dieser Sorte werden mit Dampf und Druck die Vitamine und Mineralstoffe aus dem Silberhäutchen in das Innere des Reiskornes gebracht. Beim anschließenden Schleifen und Polieren bleiben sie erhalten. Parboiled Reis ist leicht gelblich und wird beim Garen weiß. Er ist körnig, auch nach dem Aufwärmen.

Risotto-Reis:

Für Risottos benötigt man Mittelkornreissorten wie Arborio-Reis, der beim Kochen und Rühren seine sämige Konsistenz erhält. Achten Sie darauf, dass Sie den Reis beim Kochen ständig umrühren und immer wieder etwas Flüssigkeit zufügen, da er sehr leicht ansetzt.

Schnellkochreis:

Nach dem Schleifen wird Schnellkochreis vorgegart. Deshalb ist seine Zubereitungszeit auf nur 3–5 Minuten verkürzt.

Wildreis:

Wildreis wird aus einem dem Reis verwandten Wassergras gewonnen. Er hat dünne, fast schwarze Körner mit einem nussartigen Geschmack. Seine Garzeit ist mit mindestens 40–50 Minuten relativ lang. Da Wildreis sehr teuer ist, wird er im Handel oft gemischt mit Langkornreis angeboten. Wildreis ist fettärmer und eiweißreicher als Vollkornreis.

Reis vorbereiten: Die Garzeit richtet sich bei Reis immer nach der verwendeten Sorte. Ungeschälter Reis benötigt 35–40 Minuten, geschälter Reis etwa 12–15 Minuten Garzeit.
Bei der Zubereitung geht Reis um das 3-fache auf; mit anderen Worten: zum Beispiel 1 Tasse roher Reis ergibt 3 Tassen gekochten Reis.

Reis zubereiten:

1. Kochreis: Reichlich Wasser mit etwas Öl, Salz und evtl. einer mit 1–2 Nelken gespickten Zwiebel aufkochen. Den Reis darin bissfest garen. In ein Sieb schütten, mit kaltem Wasser übergießen und abtropfen lassen. Die Zugabe von Öl vermindert ein Überschäumen des Kochwassers.
2. Quellreis/Mengenverhältnis 1:2: Geben Sie 1 Tasse Reis in einen Topf mit etwas Öl und rösten Sie den Reis an. Würzen Sie den Reis und füllen Sie mit 2 Tassen Flüssigkeit auf. Lassen Sie den Reis ausquellen.
3. Quellreis/Mengenverhältnis 1:1: In diesem Mengenverhältnis können Sie Reis im Schnellkochtopf zubereiten.
Beim Kochen gehen durch das Abschütten des Kochwassers Nährstoffe verloren. Beim Ausquellen bleiben sie erhalten.

Rindfleisch

Das Fleisch von jungen Rindern hat eine kräftige hell- bis ziegelrote Farbe, mit weißen bis hellgelben Fettäderchen. Die Schnittfläche ist glänzend und die Faserung fein bis mittelfein. Fleisch von älteren Rindern hat eine dunkle, rotbraune Farbe mit gelblichen Fettadern und grober Faserung. Rindfleisch muss immer gut abgehangen sein.

Zum Kurzbraten und Grillen eignen sich:
Scheiben vom Roastbeef, aus der Hüfte, Filet (Lende), Oberschale, Kugel, Leber.

Zum Braten eignen sich:
Roastbeef, Filet (Lende), Hohe Rippe, Oberschale, Schwanzstück, Kugel, Hüfte.

Zum Schmoren eignen sich:
Oberschale, Schwanzstück, Flach- oder Querrippe, Kugel, Schulterspitze (falsches Filet), Schulter.

Zum Kochen eignen sich:
Nacken (Kamm), Brust, Hohe Rippe. Flach- oder Querrippe, Schulter, Lappen, Beinscheibe, Schwanz, Lunge, Herz, Nieren, Zunge.

Teilstücke vom Rind

Es gibt verschiedene Schnittführungen beim Zerteilen des Fleisches und regional unterschiedliche Bezeichnungen für die einzelnen Fleischteile.

Nacken (Hals, Kamm, Kammstück): Durchwachsenes Fleisch mit kräftiger Faser, zum Kochen und für Gulasch geeignet.

Hohe Rippe (Hochrippe): Teilstück des Rückens mit zarten Fasern und gleichmäßig mit Fett marmoriert. Aus dem Mittelteil des Stücks werden Steaks geschnitten. Zum Kochen und Braten geeignet.

Roastbeef (Rostbraten, Lendenbraten): Zartes Stück aus dem mittleren Rücken. Wird im Ganzen gebraten und in Steaks geschnitten.

Filet (Lende): Wertvollstes Stück. Sehr zart. Wird in Steaks geschnitten und im Ganzen zubereitet.

Hüfte: Mageres zum Schwanz hin gelegenes hochwertiges Teilstück der Keule. Etwas teurer. Zum Braten, Schmoren, Kochen und für Geschnetzeltes geeignet.

Schwanzrolle: Mageres, kleines Stück der hinteren Keule. Eignet sich zum Braten und Schmoren.

Blume (Rose): Hüftstück ohne Deckel. Sehr zartes Stück aus der Keule.

Kugel (Nuss): Teilstück der Keule mit zartem, feinfaserigem Fleisch zum Braten, Schmoren und für Geschnetzeltes.

Oberschale (Kluft): Mageres Stück aus der Innenseite der Keule, zart mit Fett marmoriert. Gut geeignet zum Schmoren oder Braten, für Kluftsteaks und Rouladen.

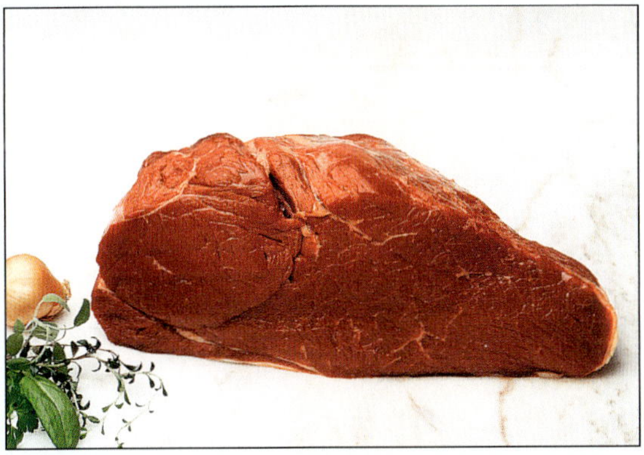

Beinscheiben (Hesse): Mager, mit Sehnen durchwachsen, Mark mit Knochen und hohem Fettanteil, werden gekocht und geschmort. Längere Garzeit.

Brust (Brustspitze, Brustkern): Zwischen den Vorderbeinen gelegenes Fleischstück zum Kochen.

Lappen (Dünnung): Teilstück des Hinterviertels, mit Sehnen und Fett durchwachsen. Preiswertes Fleischstück zum Kochen.

Schulter (Bug, Blatt): Zartfaseriges Stück aus der Vorderkeule.

Schulterfilet (falsches Filet): Zartes Stück aus der Vorderkeule. Etwas grobfaserig, deshalb nur zum Schmoren und Kochen geeignet.

Quer- oder Flachrippe: Hinter der Vorderkeule gelegenes mageres Fleischstück. Zum Kochen und für Gulasch geeignet.

Risotto, die richtige Käsewahl

Seine unverkennbare würzige Note bekommt Risotto mit dem richtigen Käse. Grana Padano, Parmigiano Reggiano oder Pecorino sind hier eine gute Wahl.

Rollenkekse

Kekse aus Knetteig, die zu Rollen geformt und dann in Scheiben geschnitten werden, lassen sich viel besser und sauberer schneiden, wenn Sie die Teigrollen etwa eine halbe Stunde anfrieren oder über Nacht im Kühlschrank fest werden lassen. Dafür die Teigrollen einfach in Frischhaltefolie einwickeln. Die Teigrollen lassen sich auch gut auf der Brotschneidemaschine schneiden.

RÖMERTOPF®

Vor jeder Benutzung müssen Topf und Deckel gewässert werden. Eine Fettzugabe ist beim Garen nicht notwendig. Füllen Sie den RÖMERTOPF® immer nur zu zwei Dritteln mit dem Gargut und geben Sie keine kalten Flüssigkeiten in den Topf. Er könnte sonst springen. Schieben Sie den RÖMERTOPF® immer in den kalten Backofen.

Der RÖMERTOPF® lässt sich leicht reinigen, wenn Sie ihn direkt nach Gebrauch in heißes Wasser setzen, um anhaftende Speisereste einzuweichen. Anschließend einfach mit einer Spülbürste reinigen.
Sollte sich der Topf nach häufigem Benutzen innen verfärben, können Sie ihn 1/2–1 Stunde mit schwach konzentriertem Essigwasser im Backofen auskochen. So erhält er wieder eine schöne Farbe.

Rosa Beeren

➲ Gewürzkunde

Rosenkohl zubereiten

Entfernen Sie evtl. beschädigte und fleckige, äußere Blätter. Schneiden Sie zunächst etwas vom Strunk ab und danach die Rosenkohlröschen kreuzförmig ein. Geben Sie den Rosenkohl in kochendes Salzwasser und kochen Sie ihn in etwa 15 Minuten zugedeckt gar. Zum Abtropfen geben Sie den Rosenkohl in ein Sieb.

Besonders lecker schmecken die Röschen, wenn Sie sie in etwas zerlassener Butter schwenken. Würzen Sie Rosenkohl mit Salz und geriebener Muskatnuss. Möchten Sie dazu eine helle Sauce servieren, können Sie diese mit dem Kochwasser zubereiten. Dazu das Kochwasser auffangen.

Rosinen einweichen

Rosinen, die vor dem Backen in Amaretto, Kirschlikör oder Apfelsaft eingeweicht werden, schmecken weniger streng als in Rum eingelegte Rosinen. Eingeweichte Rosinen verteilen sich im Kuchenteig besser als nicht eingeweichte Früchte.

Rosmarin

➲ Kräuterkunde – was passt wozu?

Rote Banane

Äußerlich ähneln die roten Bananen ihren goldgelben Verwandten, sie sind aber etwas kleiner. Früchte mit dunkelvioletter Schale sind reif, Früchte mit hellerer Schale brauchen noch einige Tage bis zur Reife. Kaufen Sie keine Früchte mit dunklen Flecken oder verletzter oder aufgeplatzter Schale.

Das cremige zartrote Fruchtfleisch der roten Banane können Sie roh essen; es schmeckt angenehm süß und erinnert ein wenig an die Himbeere. Die rote Banane eignet sich hervorragend zum Backen oder Frittieren. Bei Zimmertemperatur hält sie sich etwa 1 Woche frisch.

Rote Bete ⓘ

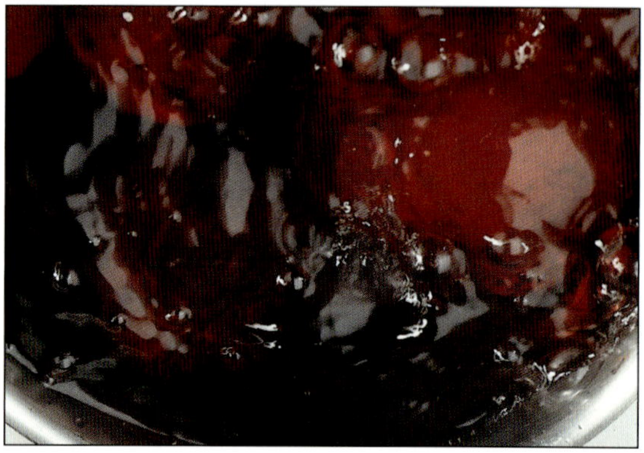

Schälen Sie frische Rote Bete immer erst nach dem Kochen! Im geschälten Zustand blutet Rote Bete beim Kochen aus.

Da frische Rote Bete stark färbt, empfiehlt es sich, beim Schälen und Schneiden Gummihandschuhe zu tragen.

Rührei, schön locker ⓘ

Rührei wird besonders locker, wenn man unter die gut verquirlten und gewürzten Eier einen Schuss Schlagsahne und Mineralwasser zieht.

Rührkuchen aufbewahren

Fest in Alufolie gewickelt und kalt gestellt, hält sich Rührkuchen einige Tage frisch. Natürlich können Sie Rührkuchen auch einfrieren und in der Verpackung bei Zimmertemperatur auftauen lassen.
Gebäck mit Schlagsahne, Quark oder Ähnlichem sollten Sie im Kühlschrank aufbewahren bzw. nach dem Einfrieren auch im Kühlschrank auftauen lassen.

Rührkuchen verfeinern

Rührkuchen bekommt ein köstliches Aroma, wenn man etwas fein geraspelte Marzipan-Rohmasse unter den Teig mischt.
Besonders aromatisch wird Rührkuchen, wenn Sie 1 Päckchen Dr. Oetker Pudding-Pulver unter den Teig mischen. Dafür die entsprechende Menge Mehl oder Speisestärke reduzieren.

Rumpsteaks

➲ Steaks braten

Schneiden Sie Rumpsteaks (und Koteletts) vor dem Braten an den Fetträndern mit einem scharfen Messer 2- bis 3-mal leicht ein. Das bewirkt, dass sich das Fleisch beim Braten nicht wölbt und gleichmäßig gart.

Das Fleisch mit der Zange erst wenden, wenn es sich leicht von der Pfanne löst, da ansonsten die Oberfläche beschädigt wird und der Fleischsaft austritt. Das Fleisch sollte nach dem Braten noch etwas ruhen, damit sich der Fleischsaft verteilt und das Steak saftig bleibt. Die Rumpsteaks bleiben heiß, wenn sie bei etwa 80 °C im vorgeheizten Backofen aufbewahrt werden.

Rutschende Rührschüssel

Das Rutschen Ihrer Rührschüssel können Sie ganz einfach vermeiden: Legen Sie beim Rühren des Teiges ein feuchtes Tuch unter die Schüssel.

Safran ➲ Gewürzkunde

Salate (Blattsalate) lagern

Kaufen Sie immer frische, knackige Rohware. Achten Sie darauf, dass die Köpfe während des Transports nicht gedrückt werden.
Wickeln Sie frische Blattsalate zum Aufbewahren in ein feuchtes Tuch und bewahren Sie sie im Gemüsefach Ihres Kühlschranks auf. Sie können den Salat auch in einen großen Plastikbeutel mit Luft geben, den Beutel fest verschließen und ebenfalls im Gemüsefach des Kühlschranks lagern. So wird der Salat nicht zerdrückt und bleibt länger frisch. Sie können den Salatkopf auch frisch anschneiden und in eine Schale mit etwa 1 cm Wasser geben. Im Kühlschrank hält er sich so 2–3 Tage.

Nur einige Salatsorten wie zum Beispiel Eisbergsalat sind in Frischhaltefolie gewickelt einige Tage im Kühlschrank haltbar.

Salbei

➲ Kräuterkunde – was passt wozu?

Sauce abschmecken

Versalzene Sauce? Das passiert Ihnen nicht, wenn Sie Ihre Sauce erst mit Salz und Pfeffer würzen, wenn sie fertig ist. Durch den Einkochvorgang intensiviert sich der Geschmack von Pfeffer und Salz stark. Auch Kräuter gehören zum Schluss in die Sauce, sonst verlieren sie ihre wertvollen Inhaltsstoffe und ihren Geschmack. Eine Ausnahme bilden Lorbeerblätter und Wacholderbeeren: Sie brauchen Zeit, um ihre Aromen zu entfalten und sollten unbedingt schon von Anfang an mitgekocht werden.

Sauce ohne Klümpchen

Klümpchenbildung bei Mehlschwitzen vermeiden Sie, indem Sie das Mehl mit kalter Flüssigkeit richtig glatt rühren und diese Mehl-Flüssigkeit nach und nach unter kräftigem Rühren mit dem Schneebesen in die heiße Flüssigkeit geben.
Klümpchenbildung verhindern Sie auch, indem Sie das trockene Mehl vor dem Anrühren mit etwas Zucker oder Salz vermischen.
Bei der Zubereitung im Schüttelbecher geben Sie zuerst das Wasser in den Becher, anschließend das Mehl und schütteln dann kräftig.
Bereits klumpige Saucen gießen Sie durch ein Sieb in einen anderen Topf und erhitzen sie erneut.

Sauce, überwürzt

Wenn Sauce etwas zu herzhaft abgeschmeckt wurde, geben Sie etwas Crème fraîche oder flüssige Sahne hinzu. Das mildert den Geschmack. Nach Belieben mit Kräutern verfeinern.

Schädlinge

Backzutaten, die Sie nur selten gebrauchen und die meistens ganz hinten im Schrank stehen, bieten ideale Lebensbedingungen für Motten, Milben und Käfer. Wenn Sie keine krabbelnde Überraschung erleben und die Gesundheitsgefahren meiden möchten, sollten Sie Ihre Backzutaten regelmäßig überprüfen. Halten Sie Ihre Schränke sauber und lagern Sie Ihre Backzutaten kühl und trocken – am besten in fest verschließbaren Gefäßen. Im Verdachtsfall werfen Sie Produkte lieber weg.

Schlagsahne wird nicht steif

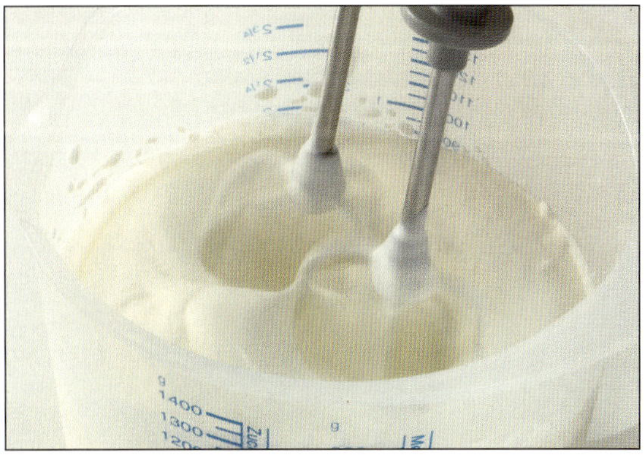

Damit Schlagsahne schön steif wird, muss sie direkt aus dem Kühlschrank kommen. Auch der Rührbecher und die Rührbesen sollten kalt sein. Am besten stellen Sie beides vor dem Schlagen etwa 1/2 Stunde in den Kühlschrank. Verwenden Sie möglichst Sahne mit einem Fettanteil von über 30 Prozent. Sie lässt sich besser schlagen.

Schlagsahne-Reste

Reste von steif geschlagener Sahne können Sie mit dem Spritzbeutel als Tupfen auf eine Tortengarnierscheibe oder etwas Alufolie spritzen. Anschließend lassen Sie die Tupfen im Gefriergerät fest werden. Geben Sie die Tupfen in einen Gefrierbeutel und frieren Sie sie ein. So haben Sie einen idealen Vorrat an Tortenverzierungen.

Schnittlauch

➲ Kräuterkunde – was passt wozu?

Schnitzel panieren

Schnitzel zunächst mit Salz, Pfeffer und Paprikapulver würzen.

Schnitzel anschließend in Mehl wenden. Das überschüssige Mehl abschütteln.

Dann das Schnitzel in verschlagenen Eiern wenden und am Tellerrand etwas abstreifen.

Zuletzt das Schnitzel in Semmelbröseln wenden. Die Panade etwas – nicht zu fest – andrücken.

Schokolade, glänzender Guss ⓘ

Fügen Sie beim Schmelzen von Schokolade ein wenig geschmacksneutrales Speiseöl wie zum Beispiel Sonnenblumenöl zu. Das macht den Guss gleichmäßiger und das Verteilen leichter. Außerdem glänzt der Guss schön und splittert nicht beim Anschneiden.

Schokolade hacken

Möchten Sie Schokolade hacken oder fein reiben bzw. raspeln, sollten Sie sie vorher 30–60 Minuten in den Kühlschrank legen. Gut gekühlt lässt sie sich besser verarbeiten. Im Tiefkühlgerät geht es noch schneller. In 10–15 Minuten ist die Schokolade gut gekühlt. Schokolade lässt sich ebenfalls prima im Zerkleinerer fein hacken.

Wer keinen Zerkleinerer hat, nimmt ein großes Messer. Auch das sollten Sie gut kühlen. Legen Sie die Schokolade auf ein Küchenbrett, nehmen Sie das Messer in die Hand und drücken Sie es in leicht wiegenden Bewegungen immer wieder fest auf die Schokolade. Die nicht messerführende Hand drücken Sie dabei vorsichtig auf die stumpfe Seite der Messerspitze.

Schokolade im Backofen schmelzen

Schokolade lässt sich bei 50 °C Ober-/Unterhitze im Backofen langsam schmelzen. Danach wie im Rezept angegeben weiterverwenden. Dieses Verfahren ist zwar nicht sehr energiesparend, eignet sich aber hervorragend für größere Mengen Schokolade. Denn es stellt sicher, dass kein Wasser in die Schokolade gelangt – wie es ja im Wasserbad leicht passieren kann. Dadurch würde die Schokolade nicht so schön glatt.

Schokoladenblätter

Torten, Kuchen, Törtchen oder Desserts lassen sich mit selbst gemachten Schokoladenblättern wunderschön dekorieren. Dafür brauchen Sie ungespritzte, feste Blätter wie zum Beispiel Rosen- oder Efeublätter, Backpapier und Zartbitter-Kuvertüre:

Temperieren Sie die Kuvertüre über dem Wasserbad (➲ Kuvertüre temperieren). Spülen Sie die Blätter gut ab und tupfen Sie sie vorsichtig trocken. Bestreichen Sie sie auf der Unterseite mit Kuvertüre – am besten geht das mit einem feinen Pinsel – und legen Sie die Blätter auf das Backpapier.

Lassen Sie die Kuvertüre anziehen.

Ziehen Sie die Rosen- oder Efeublätter von den erstarrten Kuvertüreblättern ab.

Schokoladenglasur

Eine preiswerte Schokoladenglasur lässt sich aus Schokoladenresten wie Nikoläusen oder Osterhasen und etwas Kokosfett selbst herstellen. Das Fett ist wichtig, denn es sorgt für eine gleichmäßige Konsistenz und eine bessere Streichfähigkeit der Glasur.

Schokoladenkuchen

Schokoladenkuchen schmeckt noch feiner, wenn Sie das Kakaopulver mit etwas kaltem Kaffee glatt rühren und erst dann zum Teig geben.

Schokoladenornamente

Schokoladenornamente können sie selbst herstellen. Schmelzen Sie dafür die gewünschte Menge Schokolade im Wasserbad oder im Backofen (➲ Schokolade im Backofen schmelzen). Füllen Sie die flüssige Schokolade in eine Spritztüte aus Backpapier (➲ Spritztüte aus Backpapier) und schneiden Sie eine kleine Ecke von der Tüte ab. Aus der Schokolade spritzen Sie nun kleine Deko-Ornamente – zum Beispiel Blümchen – auf ein Stück Backpapier. Solange die Schokolade noch weich ist, können Sie die Ornamente noch verzieren, etwa mit Silberperlen. Lassen Sie die Schokoladenornamente einige Stunden fest werden und lösen Sie sie dann vorsichtig – am besten mit einer Palette oder einem Messer – vom Backpapier.

Schokolade raspeln

Möchten Sie Schokolade selbst raspeln, legen Sie die Schokolade vorher in den Kühlschrank. Gut gekühlt lässt sie sich viel besser raspeln. Schokoladenraspel lassen sich sehr einfach herstellen, indem Sie mit einem Sparschäler feine Schokoladenlocken von der Schokolade „schälen“.

Schwarzblechformen

➲ Backformen

Schweinefleisch ⓘ

Schweinefleisch wird überwiegend von Tieren, die unter 1 Jahr alt sind (das heißt vor der Geschlechtsreife), angeboten. Bei jungen Tieren ist es blassrot bis rosarot, zartfaserig, mager bis leicht marmoriert (mit feinen Fettäderchen durchzogen). Fleisch von älteren Tieren ist dunkelrot und grobfaserig.

Zum Kurzbraten und Grillen eignen sich:
Ober- und Unterschale, Hüfte, Nuss (Kugel), Filet (Lende), Koteletts, Nacken (Kamm), Bauch.

Zum Braten eignen sich:
Ober- und Unterschale, Hüfte, Nuss (Kugel), Filet (Lende), Rücken, Nacken (Kamm).

Zum Schmoren eignen sich:
Schulter (Bug), Dicke Rippe, Bauch, Haxe, Leber, Niere, Herz.

Zum Kochen eignen sich:
Bauch, Schulter (Bug), Dicke Rippe, Haxe, Zunge, Herz, Nieren, Hirn.

Teilstücke vom Schwein

Es gibt verschiedene Schnittführungen beim Zerteilen des Fleisches und regional unterschiedliche Bezeichnungen für die einzelnen Fleischteile.

Dicke/dünne Rippe (Brust, Brustspitze): Teilstück des Vorderteils. Gut durchwachsenes, grobfaseriges Stück. Es ist auch gepökelt und geräuchert im Handel. Dünne Rippe eignet sich für Spareribs.

Nacken (Kamm, Hals, Schopf): Teilstück des Vorderteils, mit Fett marmoriertes, saftiges Stück.

Hüfte (Schinkenspeck): Oberer Teil der Keule mit Schwarte und Fettauflage, klassisches Stück für Krustenbraten. Gepökelt als Schinkenspeck im Handel.

Oberschale (Huft): Teilstück aus der Innenseite der Keule. Mageres, kurzfaseriges Fleischstück, ist auch für Schnitzel und Geschnetzeltes geeignet.

Bauch (Lappen, Wammerl): Saftiges, etwas langfaseriges, mit Fett durchzogenes Stück. Wird auch gepökelt und geräuchert angeboten.

Schulter (Bug, Vorderschinken): Teilstück des Vorderteils, grobfaseriges Stück mit hohem Sehnenanteil. Die Schulter besteht aus 3 Teilstücken: flache Schulter, falsches Filet und dicke Schulter. Wird als Schmorbraten und für Gulasch verwendet. Gepökelt und geräuchert wird die flache Schulter auch gekocht, sie wird auch als Schäufele bezeichnet.

Rücken (Kotelettstrang, Karbonade, Karree, Rippenspeer): Der Rücken setzt sich zusammen aus dem Nacken, dem mittleren Stielkotelett und dem hinteren Lummerkotelett. Die beiden hinteren Teilstücke sind relativ mager, mit gleichmäßiger Maserung. Gepökelt und geräuchert ist der Rücken als Kasseler im Handel.

Haxe (Eisbein, Hämmchen): Kurzfaseriges Stück, wird auch gepökelt angeboten.

Unterschale: Teilstück aus der Außenseite der Keule. Mageres, zart marmoriertes Fleischstück, das für Braten und als Schnitzel geeignet ist. Mit Fettauflage und Schwarte wird es ebenfalls als Krustenbraten zubereitet.

Nuss (Kugel, Maus): Teilstück aus der Keule. Besonders zartes und mageres Stück für die Zubereitung von Braten und Schnitzel. Gepökelt und geräuchert ist sie als Nussschinken im Handel.

Filet (Lende, Lummer): Befindet sich an der Unterseite des Lummerkoteletts. Besonders mageres und hochwertiges Stück zum Kurzbraten, für Geschnetzeltes und Fondue.

Senf, eingetrocknet

Ist Senf eingetrocknet, wird er mit Essig und Sonnenblumenöl wieder cremig gerührt.

Silikonbackformen

➲ Backformen

Spaghetti effektvoll anrichten

Spaghetti lassen sich mit ein wenig Übung effektvoll zu einem Nudelknäuel drehen. Dazu mit einer Fleischgabel in die Spaghetti stechen. Die Gabel dabei drehen und langsam auf und ab bewegen, sodass sich immer mehr Nudeln auf das Knäuel wickeln. Jetzt noch vorsichtig auf einem Teller drapieren. Fertig!

Spargel aufbewahren

Am besten bereiten Sie Spargel ganz frisch zu. Ist das einmal nicht möglich, müssen Sie sich auch keine Sorgen machen. Spargel bleibt 1–2 Tage frisch, wenn Sie die Stangen zunächst schälen, sie in ein feuchtes Geschirrhandtuch wickeln und anschließend in den Kühlschrank legen.

Spargel einfrieren

➲ Einfrieren – aber richtig

Verlängern Sie die Spargelsaison und frieren Sie die geschälten Stangen roh ein. Sie halten sich so etwa 6 Monate. Später geben Sie sie unaufgetaut in kochendes Wasser und bereiten Sie entsprechend dem Rezept zu. Beachten Sie, dass sich durch das Einfrieren die Garzeit verkürzt.

Spargel, Frischetest

Frischen Spargel erkennen Sie daran, dass die Stangen prall und knackig aussehen und quietschen, wenn Sie sie aneinanderreiben. Außerdem sind die Schnittenden glatt, saftig und glänzend.
Nicht mehr ganz frischer Spargel wird wieder knackig, wenn Sie ihn vor dem Schälen für etwa 2 Stunden in kaltes Wasser legen.

Spargel schälen

Schälen Sie Spargelstangen am besten mit einem Sparschäler. Weißen Spargel schälen Sie dünn von oben nach unten. Achten Sie darauf, dass die Schalen vollständig entfernt, die Köpfe aber nicht verletzt werden.

Die Enden schneiden Sie ab. Holzige Stellen sollten vollständig entfernt werden.

Beim grünen Spargel schälen Sie nur das untere Drittel der Stangen und schneiden die holzigen Spargelenden ab.
Wilder Spargel braucht nicht geschält zu werden. Sie sollten jedoch die unteren Enden abschneiden.

Spiegeleier, schön glänzend

Damit Spiegeleier ihren Glanz behalten, das Eigelb während des Bratens nicht salzen!

Spinat

➲ Blattspinat

Spritzbeutel füllen

Mithilfe einer Teigkarte können Sie die Sahne oder die Creme im Spritzbeutel vorsichtig nach unten schieben – so kann die Luft entweichen und der Spritzbeutel lässt sich über der Sahne oder Creme viel leichter zusammendrehen.

Spritzbeutel halten

Umfassen Sie den Spritzbeutel nie mit der ganzen Hand, damit der Inhalt durch die Handwärme nicht flüssig wird. Führen Sie die Tülle bzw. den Tüllansatz nur mit Daumen und Zeigefinger – so können Sie die Verzierung auch mit mehr Fingerspitzengefühl aufbringen.

Spritzgebäck

Spritzgebäck wird umso sandiger, je mehr Speisestärke anstelle von Weizenmehl Sie hinzufügen. Besonders knusprig wird das Gebäck, wenn Sie den Teig vor dem Backen mehrere Stunden in den Kühlschrank stellen.

Spritztüte aus Backpapier

Mit einer Spritztüte aus Backpapier gelingen Schriftzüge und Verzierungen aus Zuckerguss oder Schokolade perfekt. Normale Spritzbeutel sind dafür zu groß und die kleine Verzierungshilfe aus Backpapier ist preiswert und schnell gemacht:

Schneiden Sie ein Quadrat von etwa 24 x 24 cm aus Backpapier aus. Falten Sie es diagonal auf Kante. Rollen Sie die rechte Papierspitze (45 Grad) so weit nach innen, bis die Spitze genau auf die rechtwinklige Ecke zeigt. Dort festhalten. Nun die linke Spitze außen herum einrollen.

Alle übereinanderliegenden Papierecken 3-mal nach innen umfalten. So fixiert, behält die Tüte ihre Form. Durch keine Ritze kann der Guss entweichen.

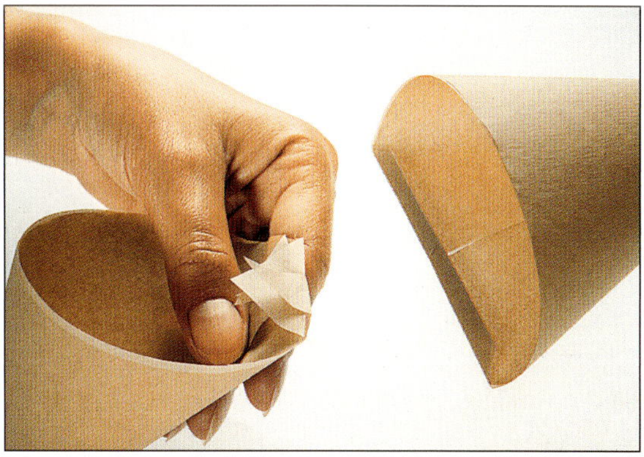

Als Spritzguss eignet sich zum Beispiel Zuckerguss, den Sie mit Speisefarbe auch färben können. Füllen Sie den Guss in das Tütchen und schneiden Sie unten eine kleine Ecke ab.
Damit die Verzierung schön gleichmäßig wird, nehmen Sie die Tüte, legen die Ellenbogen fest gegen den Körper und lassen die Arme beim Verzieren auch fest am Körper. Mit ein bisschen Übung haben Sie den Schwung schnell raus.

Steaks braten

Steaks, die auf einmal in einer Pfanne gebraten werden sollen, müssen etwa gleich dick sein, wenn sie den gleichen Gargrad haben sollen.
Das Steak nach dem Braten noch etwas ruhen lassen, damit sich der Fleischsaft verteilt und das Steak saftig bleibt. Den ausgetretenen Fleischsaft über das Steak gießen oder für eine Sauce verwenden.

Steaks, Garzeiten

Um perfekte Steaks zu braten, brauchen Sie bei einer Steakdicke von etwa 2 cm folgende Garzeiten:

Roh (raw): dünne braune Kruste, innen blutig. Etwa 1 Minute von jeder Seite bei starker Hitze braten.

Blutig (rare): braune Kruste, innen rosa, blutiger Kern. Etwa 2 Minuten von jeder Seite bei starker Hitze braten.

Rosa (medium): außen braun, innen rosa. Etwa 1 Minute von jeder Seite bei starker Hitze braten. Danach etwa 3 Minuten von jeder Seite bei mittlerer Hitze braten.

Durchgebraten (well done): innen völlig grau. Etwa 1 Minute von jeder Seite bei starker Hitze braten, wenden, weitere etwa 5 Minuten von jeder Seite braten.

Stollen aufbewahren

Lassen Sie den Stollen zunächst auf einem Kuchenrost vollständig erkalten. Anschließend wickeln Sie ihn in Alufolie ein und packen ihn in einen Plastikbeutel. Kühl und trocken gelagert bleibt der Stollen auf diese Weise bis zu 4 Wochen frisch. Erst während der Lagerzeit entwickelt er sein volles Aroma. Stollen sind auch gefriergeeignet.

Stollen, zu trocken

Stollen, der zu trocken geworden ist, wird wieder saftig, wenn Sie ihn mit einem Schaschlikspieß einstechen und mit Zuckerwasser und Rum tränken.

Streuselkuchen, knusprig

Streuselkuchen wird wunderbar knusprig, wenn Sie ihn sofort nach dem Backen mit etwas Wasser besprühen.

Streusel, sehr feine

Bereiten Sie den Streuselteig nicht mit den Knethacken des Handrührgeräts, sondern mit den Rührbesen zu. So werden die Streusel für Ihren Kuchen besonders fein und nach dem Backen besonders knusprig.

Strudelteig

Bereiten Sie Strudelteig nicht in der Küchenmaschine, sondern mit dem Handrührgerät mit Knethaken zu. In der Küchenmaschine klumpt der Teig schneller.
Der Teig wird elastischer und lässt sich dünner ausziehen, wenn Sie ihn ohne Ei zubereiten.

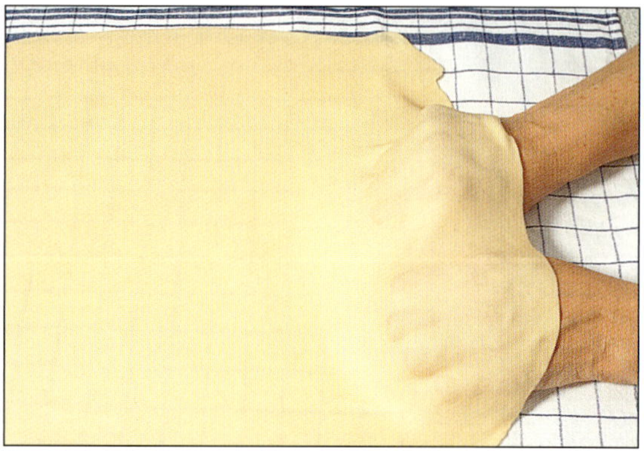

Suppe versalzen

Sind Suppe, Eintopf oder Sauce versalzen, schneiden Sie 2 geschälte Kartoffeln in Scheiben und geben sie in den Topf. Kochen Sie die Kartoffeln etwa 10 Minuten mit und nehmen Sie sie anschließend wieder heraus. Ist die Suppe noch immer zu salzig, rühren Sie etwas Milch oder Sahne unter.

Suppe, zu dick

Ist die Suppe zu dick geworden, verdünnen Sie sie einfach mit etwas Brühe.

Suppe, zu dünn

Ihre Suppe ist zu dünn? Rühren Sie 1–2 Esslöffel Kartoffelpüreeflocken oder etwas Grieß unter die Suppe (nicht bei klaren Suppen wie zum Beispiel Rindfleisch- oder Hühnersuppe). Oder binden Sie die Suppe mit etwas angerührter Speisestärke. Eine dritte Möglichkeit ist es, pro Liter Suppe 20 g Weizenmehl und 30 g zerlassene Butter zu verrühren, in die Suppe einzurühren und noch einmal aufzukochen.

Tamarillo ⓘ

Die ovale, leuchtend gelb bis orangefarbene, rote oder violette Frucht ähnelt der Tomate. Sie wird auch Baumtomate genannt. Die dünne und glatte Schale ist nicht essbar. Auch im reifen Zustand ist die Tamarillo relativ hart und sollte auf Fingerdruck nur wenig nachgeben. Weichere, vollreife Früchte müssen sofort verzehrt werden. Nicht vollreife Früchte halten sich im Kühlschrank etwa 1 Woche. Sie können die Tamarillo wie eine Kiwi verzehren, also einfach halbieren, die Frucht evtl. mit Zitronensaft beträufeln und auslöffeln. Das Fruchtfleisch enthält dunkle weiche Samenkerne, die herbsüß schmecken. Am Rand ist das Fruchtfleisch fester und heller, aber nicht so süß wie das Innere. Mit Käse und Schinken serviert, eignet sich die Tamarillo als leckere Vorspeise. Sie wird auch gekocht als Konfitüre, Chutney und in Saucen verwendet.

Teig auf dem Backblech ausrollen ⚠

Legen Sie bei Teigen, die direkt auf dem Backblech ausgerollt werden, ein feuchtes Tuch unter das Backblech. So kann es nicht verrutschen.

Teig kneten ⚠

Kuchenteig klettert nicht an den rotierenden Knethaken des Handrührgeräts hoch, wenn Sie die Knethaken zuvor mit etwas geschmacksneutralem Speiseöl eingepinselt haben.

Thymian

➲ Kräuterkunde – was passt wozu?

Tiefkühlobst ⓘ

Geben Sie tiefgekühltes Obst in gefrorenem Zustand in oder auf den ungebackenen Kuchenteig.
Für Nachspeisen oder Füllungen tauen Sie das Obst in einem Sieb auf, sodass der Saft abtropfen kann und das Obst beim Verarbeiten nicht zu feucht ist. Das Aroma von Tiefkühlobst entfaltet sich besonders gut, wenn Sie das gefrorene Obst mit etwas Puderzucker bestreuen.

Tomaten aufbewahren

Tomaten sollten Sie nicht im Kühlschrank aufbewahren. Bei Zimmertemperatur können sie ihren Geschmack besser entwickeln.
Tomaten reifen gut nach, wenn sie an einem hellen Ort gelagert werden.

Tomaten enthäuten

Die Tomatenhaut kreuzweise, aber nicht zu tief einritzen. Wasser zum Kochen bringen und die Tomaten hineingeben. Das Wasser nicht mehr kochen lassen. Die Tomaten wenige Minuten im Wasser belassen, dann herausnehmen, mit kaltem Wasser abschrecken und die Haut abziehen.

Topinambur

Die behaarte Knolle wird auch Erdartischocke genannt. Das cremeweiße Fleisch ist fest und ähnelt im Geschmack der Kartoffel. Nach dem gründlichen Waschen wird die Knolle geschält und in Scheiben geschnitten, je nach Bedarf gedünstet, gebraten oder gebacken. Topinambur ist im Plastikbeutel verpackt im Kühlschrank bis zu 4 Tage haltbar.

Tortelettförmchen mit Knetteig auslegen

Tortelettförmchen lassen sich unkompliziert mit Mürbeteig auslegen: Stellen Sie die Förmchen eng aneinander. Rollen Sie den Mürbeteig aus und legen Sie ihn mithilfe einer Teigrolle locker über die Förmchen. Rollen Sie mit dem Teigroller über die Förmchen. Drücken Sie die Ränder an. Nun können Sie den Mürbeteig mit einem Messer rings um die Formen abschneiden.

Torte mit Marzipan umhüllen

Zum Umhüllen einer Torte die Marzipan-Rohmasse zunächst zu einer Rolle formen. Die Rolle flach drücken und mit Puderzucker bestreuen. Mit einem Holzmodel lassen sich nun Muster in die Masse einprägen. Die Ränder anschließend glatt schneiden. Die Marzipan-Masse nun aufrollen, am Rand des Kuchens wieder abrollen und andrücken.

Torte mit Schokoladenguss überziehen

Bevor Sie Ihre Torte mit einem Schokoladenguss überziehen, sollten Sie sie mit Konfitüre einstreichen (➲ Aprikotieren von Kuchen und Torten). Setzen Sie dann die Torte auf eine Tortenplatte ohne Rand. Bereiten Sie aus Kuvertüre oder Schokolade den Guss zu und gießen Sie ihn mitten auf die Tortenoberfläche

Um gut haften zu bleiben und die Torte gleichmäßig glatt zu bedecken, muss der Guss die richtige Konsistenz haben. Zu dicker Guss lässt sich nicht auftragen, zu dünner deckt nicht ab und sickert in die Torte.

Halten Sie die Torte jetzt in verschiedene Richtungen schräg und lassen Sie so den Guss gleichmäßig über der Oberfläche verlaufen.

Evtl. können Sie mit einem Tortenmesser nachhelfen. Um eine gleichmäßige, glatte Oberfläche zu erhalten, heben Sie die Tortenscheibe 1–2-mal etwas an und lassen sie wieder vorsichtig fallen. Damit der Guss nicht vor dem Umsetzen fest wird und dabei später bricht, lösen Sie die Torte am besten sofort mit dem Messer von der Tortenscheibe. Indem Sie die Tortenscheibe leicht schräg halten und die Torte mit dem Messer führen, können Sie die Torte vorsichtig auf die Tortenplatte gleiten lassen.

Torten bestäuben

Torten lassen sich schön und einfach garnieren, indem Sie eine Tortenspitze aus Papier oder selbst gemachte Schablonen aus Papier auf die Tortenoberfläche legen und Kakaopulver oder Puderzucker darüberstäuben.

Zum Bestäuben eignet sich neben Puderzucker auch Kakaopulver. Verwenden Sie dann ein Sieb, damit es gleichmäßig wird.

Tortenböden füllen und bestreichen

Zum Verstreichen Ihrer vorbereiteten Füllungen eignen sich große Messer, eine Teigkarte, ein Teigschaber, eine Palette oder ein Tortenheber.
Nachdem Sie die Füllung auf dem unteren Boden verteilt haben, setzen Sie den oberen Boden „Kante auf Kante" darauf.

Die Oberfläche und den Rand Ihrer Torte sollten Sie zunächst dünn mit etwas Füllung bestreichen, um die Brösel zu binden. Dann erst die übrige Füllung rundherum verstreichen.

Tortenböden teilen

Einen Tortenboden können Sie mit einem Sägemesser in einzelne Böden teilen. Besonders gut lassen sich Böden teilen, die bereits am Vortag gebacken wurden. Legen Sie den Boden so auf eine Tortenscheibe oder einen Bogen Backpapier, dass die glatte Unterseite nach oben kommt. Damit die Böden gleichmäßig dick werden, den Tortenrand mit einem spitzen Messer ringsherum etwa 1 cm tief einschneiden. Dann den Boden mit der einen Hand gegen den Uhrzeigersinn drehen und gleichzeitig mit der messerführenden Hand schneiden.
Oder Sie legen einen festen Faden in die Einschnittmitte, überkreuzen die Enden und ziehen den Faden fest an. Dabei schneidet der Faden den Boden durch.

Damit die geschnittenen Tortenböden nicht durchbrechen, heben Sie jeden Boden mithilfe von Backpapier oder einer Tortenscheibe einzeln ab.

Tortenfüllungen richtig anordnen

Schwere Füllungen (zum Beispiel mit Früchten) sollten Sie auf den untersten Boden, die leichteren Sahne- und Cremefüllungen zwischen die oberen Böden geben. Das erleichtert Ihnen das Schneiden der Torte und vermeidet das Verrutschen der Böden.

Torten garnieren und verzieren

Schnell und einfach lässt sich eine Sahne- oder Cremetorte auf folgende Weise verzieren: Häufen Sie die Sahne oder die Creme kuppelförmig auf die Torte und streichen Sie sie etwas glatt.

Mithilfe eines Tee- oder Esslöffels drücken Sie dann vorsichtig kleine Vertiefungen in die Sahne oder Creme ein. Nach Belieben können Sie die Creme mit Kakaopulver bestäuben oder mit Früchten oder Schoko-Ornamenten belegen.

Tortenguss

Damit Tortenguss klar und ohne Bläschen bleibt, sollten Sie den Inhalt des Päckchens immer zunächst mit etwas Zucker und etwas Flüssigkeit glatt rühren. Erst dann fügen Sie die restliche Flüssigkeit hinzu und lassen alles aufkochen. Rühren Sie immer mit einem Löffel, nie mit einem Schneebesen.

Trüffelpralinen, überziehen

Selbst gemachte Schokoladentrüffel können Sie unkompliziert mit einem gleichmäßigen Überzug aus Kakaopulver überziehen: Geben Sie etwas Kakaopulver in eine Schüssel und 1–2 Trüffelpralinen dort hinein. Durch leichtes Rütteln der Schüssel wälzen Sie die Kugeln gleichmäßig im Kakao.

Vanille
➲ Gewürzkunde

Vanilleschote, ausgekratzte ⓘ

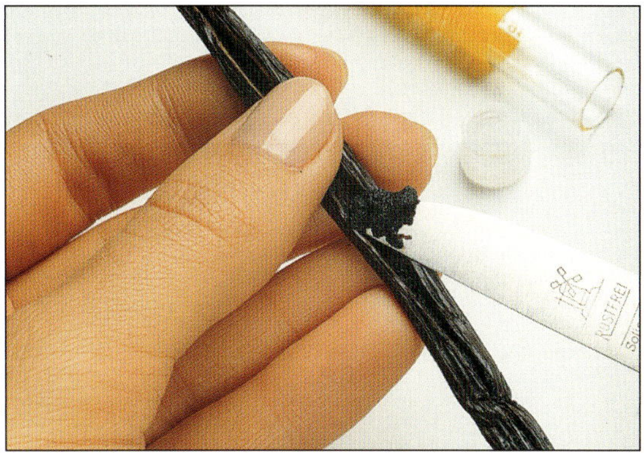

Vanilleschote mit einem scharfen Messer aufschlitzen, das Mark herauskratzen und für Gerichte mit echter Vanille verwenden. Mit den ausgekratzten Vanilleschoten können Sie aromatischen Vanilletee zubereiten: Dafür die Schoten mit schwarzem Tee aufbrühen oder die ausgeschabte Schote mit Teeblättern in einer geschlossenen Dose einige Tage durchziehen lassen.

Vollkornteig ⚠

Mehl Type 405 kann nicht im selben Mengenverhältnis gegen Vollkornmehl ausgetauscht werden. Durch seinen Kleieanteil quillt der Teig und die Konsistenz wird fest.
Verwenden Sie etwas mehr Backpulver. Wegen des Kleieanteils ist der Teig schwerer und geht nicht so leicht auf.
Vollkornteige müssen besonders gründlich geknetet bzw. gerührt werden, damit sich alle Zutaten gut verbinden können.
Halten Sie die Backzeiten bei Vollkornteigen genau ein. Das Gebäck wird schnell trocken und bröckelig.

Vorbacken von Tortenböden

Teige für Tortenböden sollten ohne Belag vorgebacken werden, damit der Teigboden knusprig bleibt und bei einem saftigen Belag nicht durchweicht. Den Teig in der Größe der entsprechenden Form ausrollen und in die Form geben. Den Teig mehrmals mit einer Gabel einstechen, damit die eingearbeitete Luft entweichen kann und der Boden flach bleibt.

Wacholderbeeren

➲ Gewürzkunde

Waffelteig, Konsistenz ⓘ

Waffelteig muss sich im Waffeleisen gut verteilen. Daher sollte er flüssiger sein als Kuchenteig. Das gelingt sicher, wenn Sie weiche Butter oder Margarine verwenden. Der Teig lässt sich mit saurer Sahne, Crème fraîche, Rum-Aroma oder Zitronenschale verfeinern. Lockerer werden die Waffeln, wenn Sie die Milch durch Buttermilch ersetzen und zusätzlich 1 Prise Backpulver zufügen.
Ersetzen Sie die Milch durch Wasser. Dann werden die Waffeln knuspriger. Mit Milch angerührter Teig bräunt allerdings besser.

Wein ⓘ

Weinreste in Eiswürfelbehälter füllen und gefrieren lassen. So können sie zum Abschmecken von zum Beispiel Saucen oder Suppen immer in kleinen Mengen entnommen werden.

Weinblätter füllen

Eingelegte Weinblätter gibt es in griechischen oder türkischen Lebensmittelgeschäften sowie in gut sortierten Supermärkten. Gefüllt mit gegartem Reis, einer Hackfleisch-Reis-Füllung, frisch gehackten Kräutern, zerbröckeltem Schafskäse und Zitrone schmecken sie sehr würzig.

Das Aufrollen klappt so am besten: Weinblatt vom Stielende her aufrollen. Auf halber Strecke dann rechts und links die Seiten einschlagen.

Weißblechformen

➲ Backformen

Weißkohl, einzelne Blätter lösen

Schneiden Sie den Strunk aus dem Kohl heraus und bringen Sie in einem großen Topf Salzwasser zum Kochen.

Legen Sie den Kohlkopf 1–2 Minuten in das kochende Salzwasser, bis sich die äußeren Blätter lösen lassen.

Lösen Sie nun 1–2 Blätter und wiederholen Sie den Vorgang, bis Sie die gewünschte Anzahl Blätter gelöst haben.

Weißkohl schneiden

Größere Mengen Weißkohl zum Beispiel für eine größere Menge Krautsalat oder zum Ansetzen von Sauerkraut lassen sich zeitsparend auf der Brotschneidemaschine in feine, gleichmäßige Streifen schneiden.

Werkzeuge in der Küche ⓘ

In der Küche unentbehrlich ist ein ***langes Messer*** (1), das universell einsetzbar ist. Die ***kürzere Variante*** (2) eignet sich gut zum Schneiden von Gemüse. Das ***Buntmesser*** (3) schneidet beispielsweise Möhren in dekorative Scheiben. Ein ***kleines Küchenmesser*** (4) eignet sich zum Schälen und Schneiden von kleinen Mengen. Mit gebogener Klinge ist es prima zum Schälen von Obst (o. Abb.). Mit dem ***Kanneliermesser*** (5) schneiden sie gleichmäßige Streifen zum Beispiel aus Zitronen, die dann, in Scheiben geschnitten, sehr schön aussehen. Ein ***Apfelausstecher*** (6) erleichtert das Herausschneiden vom Kerngehäuse. Der ***Zestenreißer*** (7) liefert feine Streifen von Zitrusfrüchten, wie etwa zum Backen. ***Kugelausstecher*** (8) sind in unterschiedlichen Ausführungen erhältlich. Sie ermöglichen das Ausstechen von Kugeln aus Obst und Gemüse. Der ***Sparschäler*** (9) hilft, Obst und Gemüse gleichmäßig zu schälen. Ein ***Wiegemesser*** (10) ist hilfreich zum Zerkleinern von Kräutern. Der ***Eierschneider*** (11) ermöglicht gleichmäßige Eierscheiben, der ***Eierteiler*** (12) teilt das Ei in sechs gleich große Teile, die dekorativ auf Aufschnittplatten oder Salaten aussehen. Zum Backen sind ***Backpinsel*** (13) in verschiedenen Größen sinnvoll sowie ein ***Tortenkamm*** (14), mit dem Ränder von Torten einfach und schnell verziert werden können. ***Ausstechförmchen*** (15) werden in großer Zahl und in unterschiedlichsten Ausführungen im Handel angeboten. Sie sorgen für hübsche Plätzchen. Doch auch Käsescheiben können so fantasievoll angerichtet werden. Gemüsescheiben, die mit kleinen Förmchen ausgestochen worden sind, sehen in einer Suppe ebenfalls schön aus. Ein ***Kuchenrost*** (16) ist notwendig, um Gebackenes rasch abkühlen zu lassen. Unterschiedliche ***Spritztüllen*** (17) machen abwechslungsreiche Dekorationen möglich.

Neben den hier abgebildeten Werkzeugen sind für die Profi-Küche folgende Geräte empfehlenswert:
Sägemesser, Brotmesser, großes Fleischmesser, Spickmesser, Tomatenmesser, Butterdekoration Brettchen, Butterschaber oder -stempel (alle ohne Abbildung).

15
17
12
11
10
8
7
6
5
4
3
2
1

Wildfleisch beizen/marinieren

Durch Einlegen in eine Beize (Marinade) wird Wildfleisch zarter und mürber und milder im Geschmack, da es die Würzstoffe der Beize/Marinade annimmt. Das Beizen/Marinieren dauert von 12–24 Stunden bis zu 4 Tagen. Das Fleisch sollte vollständig mit der Marinade bedeckt sein.
Wird das Fleisch mehrere Tage eingelegt, muss das Fleisch täglich gewendet werden. Wichtig ist, dass die Beize/Marinade Säure enthält (Wein, Weinessig, Buttermilch) und dass die Gewürze nicht zu stark dosiert werden. Wein- oder Essigbeizen sind etwas kräftiger und für eine längere Beizzeit.
Buttermilchbeize eignet sich für Wildfleisch zum baldigen Verbrauch und für Fleischteile zum Kurzbraten.
Die Beize/Marinade nicht salzen; das trocknet das Fleisch aus.

Wildfleisch häuten

Vor der Verarbeitung muss Wildfleisch gehäutet werden. Dazu ein spitzes, sehr scharfes Messer vorsichtig unter die sehnige Haut schieben und einschneiden. Das abgeschnittene Sehnenende mit der Hand etwas abziehen.

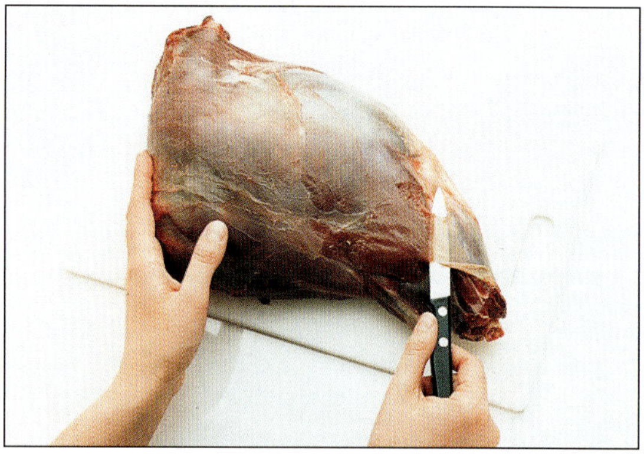

Das Messer mit der Klinge etwas nach oben richten und die Häute in breiten Streifen ablösen.

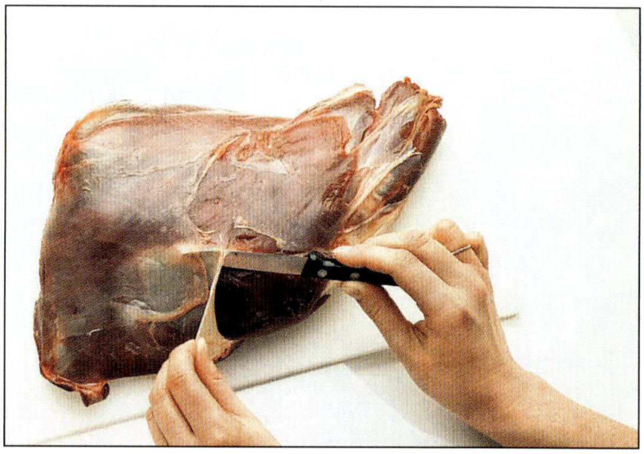

Windbeutel

Brandteiggebäck, das Sie später füllen möchten wie zum Beispiel Windbeutel oder Eclairs sollten Sie sofort nach dem Backen, wenn es noch heiß ist, mit einer Küchenschere oder einem Sägemesser quer durchschneiden. Anschließend zum Abkühlen auseinanderlegen, damit der Dampf entweichen kann. Nach dem Erkalten des Gebäcks würde es beim Durchschneiden zu sehr bröckeln.

Wraps aufrollen

Das aus dem Englischen stammende Wort Wrap bedeutet „einwickeln“. In einen dünnen Weizenmehlfladen (Tortilla) wird eine beliebige Füllung eingerollt. Der fertige Wrap wird als Fingerfood warm oder kalt gegessen.
Für den Wrap Tortilla im unteren Drittel mit etwas Füllung belegen. Dabei an den Rändern genügend Platz lassen, damit die Füllung später nicht herausläuft.

Zunächst die rechte und die linke Seite auf die Füllung schlagen.

Anschließend die untere Seite ebenfalls über die Füllung klappen. Alles gut festhalten.

Tortilla nun fest zu einem Wrap aufrollen. Wrap schräg halbieren und aufrecht stehend auf kleinen Tellern oder in Gläsern anrichten.

Zimt

➲ Gewürzkunde

Zimtsterne ausstechen ⚠

Zimtsterne lassen sich leichter ausstechen, wenn Sie die Ausstechform vorher immer wieder in Wasser tauchen.

Zitronen auspressen ⓘ

Zitronen lassen sich leichter auspressen, wenn Sie sie vorher mit gleichmäßigem, kräftigem Druck der Hand auf der Arbeitsfläche hin und her rollen.

Wenn Sie Zitronen vor dem Auspressen für etwa 15 Minuten in heißes Wasser legen, bekommen Sie mehr Saft.

Zitronengras ⓘ

Zitronengras stammt aus dem tropischen Asien. Wenn Sie das weiße bis zartgrüne Gras zerreiben, entsteht der typische frische Zitronengeruch. Klopfen Sie vor der Verwendung mit einem schweren Gegenstand auf die Stängel, damit die ätherischen Öle freigesetzt werden. Zitronengras wird vor allem in der südostasiatischen Küche verwendet und verleiht Gerichten einen würzig-frischen Geschmack, der der Zitrone sehr ähnlich ist. Das weiße Endstück wird fein gehackt, der hellgrüne Rest kann in größeren Stücken mitgekocht werden.

Zitronengras für Satéspieße ⓘ

Die langen Stängel werden gerne für Satéspieße verwendet. Bei Zimmertemperatur kann Zitronengras etwa 5 Tage aufbewahrt werden. Vorher abspülen und das Fleisch in Stücken oder wellenförmig auf die Stängel stecken. Evtl. vorher das Fleisch mit einem spitzen Messer durchstechen.

Zitronen lagern

Lagern Sie Zitronen nicht im Kühlschrank! Dort trocknen sie aus und verlieren ihr Aroma.

Zitronenmelisse

➲ Kräuterkunde – was passt wozu?

Zitronensaft dosieren

Wenn Sie nur wenige Tropfen Zitronensaft benötigen, stechen Sie die Zitrone an der schmalen Seite mit einer Gabel ein und pressen die gewünschte Menge Saft heraus.

Zucker

Zucker ist nicht nur für den süßen Geschmack wichtig, sondern bewirkt beim Backen eine gleichmäßig gebräunte Oberfläche des Gebäcks. Man unterscheidet verschiedene Zuckersorten:
Raffinade (Foto oben): Der übliche Haushaltszucker ist als weißer Streuzucker in verschiedenen Körnungen erhältlich und gut zum Backen geeignet.
Hagelzucker: Der grobe, weiße Zucker eignet sich gut zum Bestreuen von Gebäck.
Puderzucker (Foto Mitte): Die staubfein gemahlene Raffinade wird vor allem für Glasuren und zur Dekoration von Torten und Gebäck verwendet.
Grümmel: Grümmel ist grob gestoßener, brauner Kandis. Er ist sehr aromatisch im Geschmack. Grümmel wird bevorzugt zum Backen von Honigkuchen, Lebkuchen und Printen verwendet.
Brauner Zucker (Foto unten): Brauner Zucker ist eine Sammelbezeichnung für Zucker von bräunlicher Farbe (zum Beispiel Rohrzucker oder Kandisfarin).

Zuckerblumen

Zuckerblumen oder -schrift kann man leicht selbst herstellen. Dazu 150 g gesiebten Puderzucker mit 1 Blatt eingeweichter, aufgelöster Gelatine und so viel Wasser verkneten, dass eine formbare Masse entsteht. Aus der Masse die gewünschten Motive formen und trocknen lassen.

Zuckerguss ohne Kuchenkrümel

Kalten Kuchen mit warmem Guss und warmen Kuchen mit kaltem Guss bestreichen! Streichen Sie den Guss in 2 Schichten auf, so wird er schön glatt. Mit 1 Prise Backpulver im Guss bleibt der Guss länger streichfähig. Ein Schuss Speiseöl macht Zuckerguss geschmeidiger und so lässt er sich leichter auf dem Kuchen verteilen.

Zuckerschoten

Zuckerschoten sind roh nicht essbar. An der Außenkante verläuft ein kleiner dünner Faden. Nach dem Waschen und vor dem Garen werden die Enden oben und unten abgeschnitten und der Faden gleichzeitig abgezogen. Nach Belieben können Sie die Schoten in dekorative Rauten schneiden.
Im Kühlschrank können Zuckerschoten 2–3 Tage aufbewahrt werden.

Zwetschen oder Pflaumen?

Als Kuchenbelag eignen sich Zwetschen besser als andere Pflaumensorten. Zwetschen haben ein festeres Fruchtfleisch und lassen sich leichter vom Stein lösen. Die Früchte abspülen, trocken reiben, halbieren, entsteinen und evtl. einschneiden. Dann werden sie mit der Innenseite nach oben auf den Teig gelegt.

Zwiebeln

Das Zwiebelaroma verteilt sich besser in Speisen, wenn Sie die Zwiebel nicht hacken oder würfeln, sondern fein reiben.

Zwiebelringe, knusprige

Zwiebelringe werden schön braun und knusprig, wenn Sie sie erst in etwas Weizenmehl wenden und danach braten. Sie schmecken gut zum Beispiel zu Kartoffelpüree.

Zwiebel spicken

Eine gespickte Zwiebel verleiht jeder Brühe ein angenehmes Aroma. Dazu zunächst eine Zwiebel abziehen und mit einem Messer einen Einschnitt für das Lorbeerblatt machen. Anschließend stecken Sie 1 Lorbeerblatt und 3 Gewürznelken mit dem Stielende in der Zwiebel fest. Geben Sie die Zwiebel in die Brühe, wenn Sie den Schaum abgehoben haben.

Zwiebel würfeln

Die Zwiebel abziehen und längs halbieren. Zwiebelhälfte mit einem Messer in schmalen Abständen senkrecht durchschneiden, dabei die Wurzel ganz lassen. Anschließend waagerecht bis zur Wurzel durchschneiden. Die Würfel senkrecht abschneiden.

Abbildungsnachweis Die Zahl hinter der Seitenzahl gibt jeweils die Position des Bildes an – der Reihenfolge nach von oben nach unten.

Innenfotos Walter Cimbal, Hamburg (S. 16/1, 17/1, 20/4, 70/2, 73/1, 76/1–3, 83/1–4, 92/2, 98/4, 114/1, 130/1–3, 156/1)

Fotostudio Diercks (Thomas Diercks, Kai Boxhammer, Christiane Krüger), Hamburg (S. 4, 5, 6, 7/1 u. 4, 9/1 u. 3, 10/3, 11/1, 13/1–3, 14/1–3, 15/3, 16/2, 18/3, 19/1, 20/3, 21/1–3, 22/1, 25/1–3, 27/1 u. 4, 28/2, 29/1–3, 31/3, 32/2, 34/2, 35/1 u. 2, 36/1–6, 37/1, 42/1–3, 43/2–3, 44/1–3, 46/2, 47/3, 48/1 u. 3, 49/ 1 u. 2, 50/1–4, 51/1 u. 2, 52/1 u. 4, 53/1–4, 54/1, 55/1 u. 2, 57/2, 61/1 u. 3, 62/2–4, 64/1–3, 68/1, 71/1, 72/1 u. 3, 73/2–4, 74/1, 75/1, 77/1 u. 2, 78/2, 80/2 u. 3, 81/1, 82/1, 84–85, 88/2, 90/1 u. 2, 91/1, 94/1–3, 95/1, 96/2, 99/1 u. 3, 100/1, 101/1–3, 104/1, 105/1 u. 3, 106/2 u. 3, 108/2, 109/1 u. 3, 113/3, 114/2–4, 115/1 u. 2, 117/1 u. 2, 127/2 u. 3, 129/1, 131/3, 135/1, 136/2–3, 138/2–4, 139/1 u. 2 u. 4, 140/4, 143/2–4, 145/4, 146/1–3, 147/2, 148/1, 152/3, 154/1, 155/2–5, 157/3)

Ulli Hartmann, Halle/Westf. (S. 24/2, 33/1, 56/3, 58/1, 59/1, 61/2, 71/2, 75/3, 96/3, 107/4, 109/4, 111/1, 112/2, 123/1 u. 2, 142/1 u. 3, 154/2)

Bernd Lippert (S. 18/1, 70/1)

Herbert Maass, Hamburg (S. 11/2, 48/2)

Janne Peters, Hamburg (S. 115/4, 131/2, 146/4)

Antje Plewinski, Berlin (S. 8/3, 9/2, 10/1 u. 2, 12/1 u. 2 u. 4, 15/1, 16/3, 18/4, 22/2–4, 23/3, 26/1, 27/2 u. 3, 28/1 u. 2 u. 4, 29/4, 30/1, 31/4, 34/1, 35/3, 37/2 u. 3, 38/1–3, 46/3, 52/2, 55/3, 56/1, 63/1, 65/1–4, 70/4, 71/3, 74/3 u. 4, 75/2 u. 4, 78/1, 79/1 u. 2, 80/1, 82/2, 87/1–4, 88/1, 89/1, 92/1 u. 3, 93/1 u. 2, 95/2, 96/1 u. 4, 97/2, 98/1, 104/2, 105/2, 106/1 u. 2, 108/3, 113/1, 116/1 u. 2, 117/4, 122/1–4, 124/3, 125/1 u. 3, 126/ 1 u. 2, 128/1–4, 129/2–4, 130/4, 131/1, 134/1 u. 2, 135/2–4, 136/1, 139/3, 140/3, 141/1 u. 2, 144/3 u. 4, 145/1–3, 147/3, 149/1–3, 153/1–4, 154/3, 156/2)

Christiane Pries, Borgholzhausen (S. 7/2, 39/2, 43/1, 54/2 u. 3, 62/1, 75/2 u. 3, 109/2, 110/1–3, 111/2, 112/1 u. 3, 147/1)

Hans- Joachim Schmidt, Hamburg (S. 100/2, 104/3)

Axel Struwe (S. 8/1, 14/4, 32/3, 47/2, 63/2, 91/3, 97/1, 100/3, 103/3, 107/1 u. 2, 108/1, 155/1)

Norbert Toelle, Bielefeld (S. 8/2, 24/1, 26/2, 32/1, 51/3, 56/2, 57/1, 60/3, 63/3, 76/4, 82/3, 93/3, 99/2, 107/3, 113/4, 115/3, 117/3, 124/1 u. 2, 125/2, 138/1, 156/4, 157/1 u. 2)

Brigitte Wegner, Bielefeld (S. 12/3, 15/2, 18/2, 19/2 u. 3, 20/1 u. 2, 21/4, 23/1 u. 2, 30/2 u. 3, 31/1 u. 2, 33/2 u. 3, 39/1, 43/4, 46/1, 47/1, 58/2, 59/2, 60/1 u. 2, 63/3, 66/1–3, 67/1–3, 68/2 u. 3, 69/1–3, 70/3, 74/2, 86/1–4, 88/3, 90/3, 91/2, 95/3, 98/2 u. 3, 103/1 u. 2, 104/4, 116/3, 118/1–3, 119/1–3, 120/1–4, 121/1–4, 123/3, 125/4, 127/1, 132/1–4, 133/1–4, 137/1–4, 140/1 u. 2, 142/2 u. 4, 143/1, 144/ 1 u. 2, 148/2 u. 3, 149/4, 150–151, 152/1 u. 2, 156/3, 157/4)

Bernd Wohlgemuth, Hamburg (S. 7/3, 52/3, 113/2)

Für Fragen, Vorschläge oder Anregungen stehen Ihnen der Verbraucherservice der Dr. Oetker Versuchsküche Telefon: 00800 71 72 73 74 Mo.–Fr. 8:00–18:00 Uhr, Sa. 9:00–15:00 Uhr (gebührenfrei in Deutschland) oder die Mitarbeiter des Dr. Oetker Verlages Telefon: +49 (0) 521 520651 Mo.-Fr. 9:00–15:00 Uhr zur Verfügung.

Oder schreiben Sie uns:
Dr. Oetker Verlag KG, Am Bach 11, 33602 Bielefeld oder besuchen Sie uns im Internet unter www.oetker-verlag.de oder www.oetker.de.

Umwelthinweis Dieses Buch und der Einband wurden auf chlorfrei gebleichtem Papier gedruckt. Die Einschrumpffolie – zum Schutz vor Verschmutzung – ist aus umweltfreundlichem und recyclingfähigem PE-Material.

Redaktion Carola Reich, Carola Hülshoff, Christina Langner

Fachliche Beratung Elfriede Erdmann, Bielefeld

Lektorat no:vum, Susanne Noll, Leinfelden-Echterdingen

Grafisches Konzept und Gestaltung MDH Haselhorst, Bielefeld
Titelgestaltung kontur:design GmbH, Bielefeld
Satz und Layout MDH Haselhorst, Bielefeld
Druck und Bindung Mohn media Mohndruck GmbH, Gütersloh

ISBN: 978–3–7670–0729–1